基于创新和服务的
企业动态价格博弈及应用

Research on Enterprise Dynamic Price Game and Application considering Innovation and Service

李秋香　陈兴礼■著

中国经济出版社
CHINA ECONOMIC PUBLISHING HOUSE
·北京·

图书在版编目（CIP）数据

基于创新和服务的企业动态价格博弈及应用 / 李秋香，陈兴礼著．--北京：中国经济出版社，2020.12（2023.8 重印）
ISBN 978-7-5136-6339-7

Ⅰ．①基… Ⅱ．①李… ②陈… Ⅲ．①家电企业-价格-研究-中国 Ⅳ．①F407.619

中国版本图书馆 CIP 数据核字（2020）第 177262 号

组稿编辑 崔姜薇
责任编辑 夏军城
责任印制 马小宾
封面设计 任燕飞

出版发行 中国经济出版社
印 刷 者 北京建宏印刷有限公司
经 销 者 各地新华书店
开　　本 710mm×1000mm 1/16
印　　张 11.5
字　　数 160 千字
版　　次 2020 年 12 月第 1 版
印　　次 2023 年 8 月第 2 次
定　　价 68.00 元
广告经营许可证 京西工商广字第 8179 号

中国经济出版社 **网址** www.economyph.com **社址** 北京市东城区安定门外大街 58 号 **邮编** 100011
本版图书如存在印装质量问题，请与本社销售中心联系调换（联系电话：010-57512564）

前言 Preface

进入新时代，人们的消费需求已经发生了明显变化，消费者对智能化产品和服务的需求越来越旺盛。家电寡头企业为了占领更多的市场份额，不得不加大技术创新和服务投入来满足市场需求，从而巩固其寡头地位。这使得企业之间的价格竞争更加复杂激烈，寡头企业之间在供应链环境下的价格竞争已成为国内外学者研究的热点。本书基于国内外学者相关研究和中国家电市场状况，分别建立了供应链系统的价格博弈模型，将管理学、博弈理论和混沌理论相结合，对中国家电企业之间的长期动态价格博弈进行研究。本书从多个角度深层次分析了技术创新和服务投入对供应链稳定性及企业价格博弈的影响。本书所得出的结论及建议对中国家电企业的管理有一定的参考意义。本书所做的主要工作如下：

第一，基于制造商和零售商构成的双渠道供应链，考虑制造商对产品的技术创新投入和零售商对传统渠道的服务投入，同时考虑决策者的利他偏好行为，分别构建了静态基础模型和动态价格博弈模型。在静态基础模型中，通过推理计算研究了创新投入量和服务值对最优定价策略的影响。在动态价格博弈模型中，基于系统动力学理论，对价格博弈的动态系统的稳定性进行了分析。利用数值仿真方法，分析了创新投入量、服务值和决策者的利他行为对系统稳定域的影响，以及系统处于混沌状态时创新投入量和服务值对动态定价和决策者效用的影响。最后，比较了参数控制和自适应控制两种混沌控制方法。研究表明创新投入量和服务值越大，市场的最优定价就越高，且系统的稳定域也会随之缩小。过大的价格调整参数容易使系统失去稳定性，甚至进入混沌状态。当保持创新投入量和服务值在某一个值时，将有助于决策者获得最大效用。自适应控制法对市场的复原效果最理想。

第二，基于制造商和零售商构成的双渠道供应链，本书进一步探讨了增加制造商直销渠道服务投入的情况。通常制造商不仅要考虑技术创新，同时还要进行网上渠道服务投入，而零售商只需考虑传统渠道的服务投入。首先，本书构建了静态基础模型，在最优创新投入量下，构建了动态伯川德博弈模型。在动态模型中通过数值仿真方法，研究了两种渠道的服务值和风险规避态度对系统稳定域的影响。借助分岔图、混沌吸引子和初值敏感性，分析了系统的动态演化及复杂动力学现象。其次，探讨了两种渠道的服务值对动态价格博弈的影响。当市场处于混沌状态时，分析混沌现象对系统动态定价和决策者效用的影响。研究表明：制造商和零售商在动态的市场博弈过程中，系统的稳定域随两种渠道的服务值增加而减小，且渠道服务值增加，只会缩小对应渠道的价格决策空间。除此之外，系统的稳定域随决策者风险规避意愿增强而增大。两种渠道的服务值增大，会导致动态博弈系统提前发生分岔，并使系统提前进入混沌状态；市场处于混沌状态时，会对制造商的系统效能造成损失，但在该状态下零售商的效能得到了提高。最后，基于自适应控制法对混沌市场良好的复原性，对该情境下的混沌市场进行了良好控制。

第三，本书后续构建了一个多渠道动态服务博弈模型，即零售商通过线下渠道运营，制造商通过线上渠道运营，为客户提供在线购买、线下从零售商商店（BOPS）取货的服务。制造商和零售商以渠道利润最大化为经营目标，在最优定价下进行渠道服务博弈。我们对模型进行了理论分析，并从熵理论、博弈论和混沌动力学的角度进行数值模拟。结果表明，随着服务弹性系数的增大，系统的稳定性会降低，零售商的反馈参数调整对系统的稳定性没有影响。BOPS 渠道加强了制造商和零售商之间的合作，缓和了线上渠道和线下渠道之间的冲突。当制造商快速调整其服务决策时，系统将进入混沌状态，系统熵增加。在混沌状态下，系统对初始条件敏感，服务输入难以预测；制造商和零售商需要输入更多的附加信息使系统清晰化，或使用反馈控制方法来延迟或消除混沌的发生。

第四，以供应链渠道合作与服务为背景，本书最后构建了考虑在线存储渠道的多渠道供应链纳什博弈模型和斯塔克尔伯格博弈模型。在利润最大化和有界理性期望规则（BRE）基础上，建立了一个动态博弈模型，通过数学分析对平衡点的稳定性进行分析，并利用分岔图、熵分布图等方法探讨参数对系统稳定域和熵的影响。讨论了最大李雅普诺夫指数、混沌吸引子以及服务水平和利润分配率对系统利润的影响等。理论分析结果表明，服务水平和利润分配率越高，系统的稳定域越小；当经营者快速调整价格决策时，系统将进入混沌状态，系统的熵将增加；当制造商或零售商以有利于实现利润最大化的适当价值保持服务水平时，系统的熵将增加。制造商应谨慎设定在线存储渠道的服务水平，以确保系统的利润；在纳什博弈模型中，系统的稳定性比斯塔克尔伯格博弈模型低。

本书可为中国家电企业在面对创新投入和服务投入，以及渠道竞争和动态价格博弈问题时提供参考。

目 录
Contents

第1章

绪　论

1.1 研究背景及意义

1.1.1 研究背景

进入新时代，我国经济增长方式有了明显的变化，不仅关注经济增长的速度，同时还对经济增长的质量越来越重视。为了赢得发展优势，各国政府都在谋划如何在未来的竞争中占据主动。我国政府早已意识到创新和服务对经济发展的重要性，不断提高产品和服务的质量，在满足人民需求的同时，促进我国企业整体技术创新能力和服务水平的提高，带动我国经济的快速发展。

我国是世界最大的家电制造和消费国，家电行业为我国经济的发展做出了巨大贡献。《2018 年中国家电行业年度报告》显示，2018 年全年我国家电市场规模达到 8104 亿元，同比增幅达到 1.9%。除彩电之外，家电类产品都实现了不同程度增长，具体见图 1-1。因受电子产品冲击，彩电零售额比 2017 年下跌 9.59%；空调、冰箱、洗衣机和厨卫产品分别增长 4.5%、3.5%、3.1%和 1.5%。另外，吸尘器是所有家电产品中增长最快的品类，市场销售额达到 195 亿元，同比增长 45.6%，远超其他家电产品。除此之外，破壁机市场规模在快速扩大，2018 年市场销量超过千万台。从以上数据可以看出，家电行业发展状况良好。但值得注意的是，苏宁易购大数据显示，从 2018 年第一季度开始，在一、二级市场，消费者对智能和个性化家电产品关注度越来越高，此类家电产品消费势头很猛，如智能烤箱、智能自清洗油烟机、自动洗碗机、智能触摸式电蒸箱和微波炉等。除此之外，具有变频、烘干功能的智能洗衣机、远程遥控热水器等家电产品也吸引了消费者的注意。由此可以看出，消费者在购买家电产品时不仅关注产品的价格，对产品的科技含量、智能化水平要求越来越高，在新时代，消费升级、产业升级已成为家电行业的发展引擎。

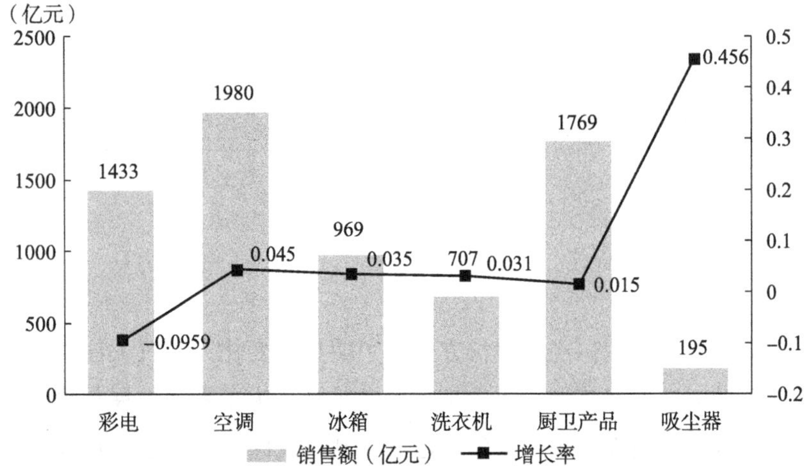

图 1-1　2018 年中国家电产品销售额和增长率

对家电企业而言，只有从自身做起，积极进行产品研发，提高企业创新能力，加快产品的升级换代，满足消费者个性化的需求，不断提高服务水平，才能获得更多的市场份额，巩固和提高企业的竞争力。根据彭博新闻社最新发布的数据，在创新力指数方面，作为世界第二大经济体的中国，在全球的排名为第 16 位。我国企业的创新能力与美国等欧美国家相比还存在明显不足。在创新投入方面，2018 年国内发明专利排名前十的企业中，手机制造企业大约占了二分之一。其中，华为技术有限公司以 3369 件排名第一位。家电制造企业只有一家，占比仅为十分之一。从中可以看出，家电制造企业相比于手机制造企业来说，在创新投入方面明显不足。但在过去两年中，珠海格力电器股份有限公司不论在发明专利申请量方面，还是在发明授权量方面，都取得了很好的成绩，连续 3 年进入中国发明专利排行榜全国前十，这是其稳居空调行业第一位的主要原因，成为我国家电企业效仿和学习的标杆。具体见表1-1。

表1-1 2018年我国发明专利排名前10位的企业

排名	企业名称	企业性质	申请量（件）
1	华为技术有限公司	内资企业	3369
2	中国石油化工股份有限公司	内资企业	2849
3	广东欧珀移动通信有限公司	内资企业	2345
4	国家电网公司	内资企业	2188
5	京东方科技集团股份有限公司	内资企业	1891
6	珠海格力电器股份有限公司	内资企业	1834
7	联想（北京）有限公司	内资企业	1807
8	腾讯科技（深圳）有限公司	内资企业	1861
9	中兴通讯股份有限公司	内资企业	1552
10	中国石油天然气股份有限公司	内资企业	1129

数据来源：国家知识产权局。

此外，在新时代，消费者不仅关注家电产品的价格，对企业服务水平需求越来越高，不再满足于低层次的零售服务，对高层次的售后服务需求越来越旺盛。在此市场环境下，企业只注重价格竞争，已然满足不了消费者，产品服务的竞争成为企业占领市场的另一手段。研究表明，渠道的服务水平已经影响到消费者的渠道选择。为了争夺有限的市场份额，服务投入成了一种相对有效的竞争方式。企业通过增加服务投入来提高服务水平，满足人们日益提高的需求，已成为促进我国经济高质量发展的重要推动因素。

企业是国家经济的细胞，只有企业的创新能力得到整体提升，国家的创新能力才能真正增强。对家电企业而言，加大企业的创新研发投入、提升产品的服务水平，不仅能够满足市场对智能化产品和高水平服务的需求，而且能提高企业的自主创新能力和市场竞争力。因此，基于创新和服务的价格博弈问题已成为家电制造商和零售商关注的焦点，在此背景下研究中国家电企业间的价格博弈问题具有很强的理论和现实意义。

1.1.2 研究意义

供应链管理是一种集成化、系统化管理方式，是在激烈的市场竞争环境中产生的。该方式虽然产生不久，但在经济全球化大环境下已被各国企业所采用，呈现出方兴未艾的发展势头。在新时代，越来越多的家电企业认识到，企业创新投入和服务投入对自身及国家发展意义重大。根据中国家电市场的实际状况，基于企业创新和服务研究企业之间的价格博弈问题很有必要。

（1）理论意义

首先，结合我国家电制造业发展现状，围绕双渠道供应链中企业技术创新和服务投入的相关问题进行决策分析，是一个与当下国情联系非常紧密的问题。由于目前基于技术创新和服务两个因素来研究企业间价格博弈问题的相关文献较少，因此该研究具有一定的开拓性和创新性。

其次，本书将经济学、管理学和非线性动力学理论应用到基于创新和服务投入的企业价格博弈问题研究中，体现了交叉学科相互渗透、相互影响的特点。利用多种理论来解释供应链管理过程中存在的问题，可以补充特定理论对某些问题分析的局限性，使分析更加透彻。

最后，本书采用非线性动力学理论研究经济管理系统中经济体长期动态价格博弈的复杂行为，有助于发现并了解供应链系统混沌现象；通过混沌控制方法对市场上的混沌现象进行控制，增强了非线性动力学的实用价值，弥补了以往研究方法的不足，是一种比较前沿的分析、研究问题的方法，具有其他研究方法不可比拟的优势。

（2）现实意义

从宏观层面看，过去经济发展注重数量，忽视了发展的质量要求，致使我国企业创新能力不足，价值链处于低端。在新时代，本书基于制造商技术创新投入和零售渠道服务投入研究供应链中成员间价格博弈问题，非常切合我国当前家电企业的现实需要，有助于我国经济的高质量发展。

从中观层面看，研究企业技术创新和服务投入对价格博弈的影响，可为整个家电行业转型升级提供借鉴，帮助企业在较短时间内，由生产低端和同质化产品，快速向生产差异化和智能化产品企业转变，满足日益提高的市场需求。对于家电制造业而言，在“一带一路”建设和经济高质量发展的要求下，此研究有助于家电企业开辟国际市场，提高我国家电企业国际竞争力。

从微观层面来看，企业加大技术创新和服务投入，有助于形成自身优势，使其在市场浪潮中处于不败之地。由于企业间纵横交错的复杂关系，利用数学建模和博弈理论方法可以很好地呈现这种复杂关系。通过分析本书构建的静态基础模型和动态博弈模型，可以有效指导企业进行合理的创新和服务投入，制定合理的市场价格策略，使其在市场博弈中掌握主动权，占有更多的市场份额。因此，分析家电企业的创新和服务投入对其价格竞争的影响具有重要意义。

1.2 国内外研究综述

1.2.1 有关企业创新的研究综述

经过40多年改革开放，中国经济得到了快速发展，人民的物质生活水平有了极大提高，人民的物质文化需求发生巨大改变，人民对高科技产品的需求越来越旺盛。在这种情况下，技术研发对企业的经营和管理有重要作用，提高创新能力可以使企业获得巨大的竞争优势。因此可以说，创新决定了企业的命运。在企业创新方面，国内外学者做了大量研究。

首先，在企业创新机制方面，学者们已提出了很多看法。约瑟夫·熊彼特最早把创新理念应用到经济学研究中，并在1912年提出：创新就是把相关的生产要素和相关的生产条件用一种新的方法或新的投入产出函数导进生产过程中。以上是其对创新的理解。进入21世纪，人们对创新的研究进入了一个新阶段。为了克服一般模型评价体系的局限性，张国良和陈宏民（2007）提出并构建了有多个因素构成的四维概念和度量模型，认为从企业的创新数量、效果、速率和效率四个角度来综合评价企业的创新能力是最合理的。通过对121家高科技企业的数据分析，Fontana和Nesta（2009）发现提高企业的创新研发能力，有利于企业抵御外在风险并且降低企业被淘汰的风险，增加企业生存的可能性（张国良和陈宏民，2007）。戴霄晔等（2007）研究了创新对科技行业发展的影响和企业或组织对政府制度的反应。发现企业在创新研发中存在一个最优创新投入比，随着知识产权保护的加强，企业会调整创新研发政策。在实证研究中，Wang 等（2013）通过制定研发工作决策矩阵，估计了创新投入的输出水平和相对效率，结果表明长期研发投入有利于企业未来的发展。

有关学者在创新对企业博弈的影响方面也进行了研究。例如，张廷海和韩玮（2014）在对不完全信息条件下集群企业间的协同创新的研究中，发现协同创新有利于实现集群租金的动态均衡，促进集群企业之间资源的整合和共享。考虑创新外溢作用，Hasnas 等（2014）通过对双寡头博弈模型的分析，发现更高开放创新水平的企业在市场竞争中能够获得比其他企业更多的利润。在三种不同的创新模式下，马家喜等（2010）将技术和市场不确定性两个因素引入企业创新活动中，分析了不确定系数对企业投资和破产边界的影响，比较了三种模式下的均衡产出、公司收益、行业效益和社会福祉四个方面存在的不同。陈折和王强（2012）通过构建博弈模型，研究了产品功能创新对企业市场占有率和企业收益的影响。研究发现，战略式产品功能创新能够帮助企业避开剧烈的市场竞争，提高企业市场收益。考虑技术投入因素，通过数值模拟，吴可菲和马军海（2013）研究了动态博弈模型的演化特征，分析了技术创新调整系数对动态演化特征的影响，发现适当的创新投入有利于企业获得稳定的利润。晋盛武等（2016）在对存在渠道和产品差异的供应链技术创新协同策略的研究中，发现产品差异性越小，供应链渠道间的替代系数越大，对实施技术创新协同策略最有利。基于博弈理论，朱宾欣等（2018）在研究专利保护对再制造商技术创新策略的影响中，发现技术创新水平分别与再制造节约成本和消费者对再制造品的估值程度具有正相关关系。

以上是部分学者对创新的看法，并且通过实证和建模的方法从不同角度研究了技术创新因素对企业的影响。除此之外，还有学者研究了创新投入对渠道协调的影响（Choab，2005）。在混合渠道下，田巍等（2014）研究了在信息对称和不对称两种情况下，创新成本系数和信息的不确定性程度对决策变量和企业利润的影响。研究结果发现，在信息分享时，制造商能够从中受益。张红等（2018）在假设零售商为损失厌恶决策者、制造商为风险中性决策者的基础上，研究了在准许信用违约和不准许信用违约两种情况下技术创新协调问题。此外，学者们还在创新因素对生产成本的影响方面进行了广泛研究。利用分岔理论，Li 和 Ma（2013）分析了竞争和合作两种情况下异质理性的寡头企业研发投入的竞争模型，并对研发投入导致的混沌系统进行了控制。在一个有零售商主导的二级供应链中，蔡洪文和张旭辉（2017）基于创新能够降低生产成本的情况下，通过对比两种期权契约机制，发现创新成本共担能够实现供应链的协调。在假设创新投入可以降低单位可变成本的基础上，李柏勋和谢洁燕（2017）基于两条供应链间的竞争强度、技术创新溢出效应、创新成本系数等因素，分析了以上三种因素对决策者契约选择策略的影响。基于技术使用上有差别的两个供应链，李晓静等（2017）研究了供应链间竞争环境下溢出效应对技术创新选择的影响。

以上文献主要研究了技术创新因素对企业绩效、渠道协调和生产成本三个方面的影响。合理控制企业的创新投入，对企业的利润增长和长远发展起着重要作用。在一定条件下，创新有助于渠道的协调和降低企业的成本。但是以上文献很少从创新投入对市场需求量的影响角度探讨创新投入因素对企业间价格博弈及供应链系统的稳定性影响。同时，基于服务投入对价格博弈的影响，研究企业间价格博弈问题具有一定的现实意义。

1.2.2 有关渠道服务的研究综述

过去消费者在购物过程中，总会在价格方面货比三家，寻求价格低、质量好的商品。但是随着消费升级，消费者对价格的重视程度已不如以前，而对消费过程中服务体验的追求越来越苛刻，如产品免费体验、快速送货及高质量的售后跟踪等服务。服务已经成为影响消费者购物选择的重要因素。因此，近年来，基于渠道服务因素来研究供应链的相关问题成为业界和学术界潮流（Rohm 和 Swaminathan，2004；Kaya，2006）。

国内外学者从不同角度研究了渠道服务因素对企业的影响。Yan 和 Pei（2009）、Mukhopadhyay 等（2008）、Ding 和 Huo（2014）、Giri 和 Maiti（2014）对其进行了广泛调查。Dumrongsiria 等（2008）研究认为消费者选择何种渠道进行购物，主要取决于两个因素：价格和服务。服务水平不仅影响消费者的选择，而且影响渠道的最优定价，学者们对此进行了深入研究。肖剑等（2009）发现在供应链中制造商和零售商的边际服务成本对渠道价格和需求有重要影响。Dan 等（2012）的研究结果表明，供应链中零售商的服务投入不仅对自身产生影响，而且对制造商产生极大影响。基于市场中存在异质消费者和双寡头零售商的情况，王春苹（2015）针对性地分析了基础信息产品和增值服务的销售策略选择及最优定价问题。针对双渠道供应链，许明星和王健（2014）分析了渠道服务水平、边际服务成本和顾客渠道偏好对渠道定价的影响，结果表明服务水平低于某个阈值时直销渠道价格提升；高于某个阈值时，两种渠道的价格都有提升。基于市场上存在的合约手机这一营销形式。张旭梅等（2018）结合网络外部性、服务水平和手机价格调整比例三个因素，在电信供应链中，建立了决策者在不同博弈情境下的价格决策模型，探讨了三种因素对电信运营商利润的影响。在由一个制造商和一个零售商组成的供应链系统中，Zhang 和 Wang（2017）构建了零售商和制造商的动态定价策略模型及动态系统的牛鞭效应模型，重点分析了服务水平对系统复杂性和牛鞭效应的影响。考虑延长保修的服务成本，郑晨等（2018）在假设产品发生故障概率是随机的基础上，研究了零售商之间的竞争程度、延长保修时间和顾客对服务的敏感系数三个因素对两种决策模型的影响。考虑到服务因子，Ma 和 Guo（2015）研究了二元博弈模型的复动力学问题，引入递归最小二乘（RLS）估计代替朴素估计。Ali 等（2018）考察了潜在市场需求中断对竞争性零售商价格和服务水平的影响，发现需求中断对服务水平的价格和投资决策有显著影响。Li 和 li（2016）发现，零售商提供增值服务时，整个供应链难以与固定的批发价格相协调，并对公平性产生影响。Zhou 等（2018）基于双渠道供应链，分析零售商通过分享零售商的销售成本，为客户提供一定的售前服务，制造商免费乘坐零售商的售前服务，并研究了免费乘坐对成员定价和服务策略的影响。Zhou 和 Zhao（2018）针对零售商提供增值服务的情况，分别分析了制造商如何利用批发价格和进场补贴，以不对称信息实施其信号策略。Chen 等（2016）在不同的力量结构下研究了具有在线到离线（O2O）混合渠道的零售服务供应链。Kong 等（2017）分别研究了集中决策和分散决策下的 CLSC 定价和服务水平，分析了系统参数对系统性能的影响。本书研究了服务对渠道定价策略的影响，没有研究最优定价下的渠道服务决策。Ren 等（2014）发现允许客户退货会增加制造商和网络零售商的成本，并且会影响产品的销售价格。Pei 和 Yan（2015）把零售服务支持看作协调双渠道分销和管理渠道成员关系的有效方式。Li 等（2016）设计了双渠道供应链，发现渠道竞争日趋明显。此外，还考虑了零售商提供的增值服务，分析了零售服务的均衡问题和公平问题。鉴于最优库存分配对零售业利润的影响，Protopappa Sieke 等（2016）提出了多个服务水平契约下的最优两阶段库存分配策略。Zhou 等（2018）研究了双渠道分别使用差分和非差分定价方案时，免费乘车如何影响两个成员的定价/服务策略及利润。Sadjadi 等（2018）介绍了零售商 Stackelberg 游戏；基于价格、服务和简单价格折扣合同三个因素，两个制造商和一个零售商同时竞争，结果表明，服务和价格折扣契约可以提高供应链的绩效。在一个两级供应链中，Chen 等（2017）研究了制造商和零售商面对随机需求时，免费售后服务提供商和批发价格合同或寄售合同的合同类型与收入共享的交互作用。Jena 和 Sarmah（2016）研究了两个再制造公司之间价格和服务的合作竞争，再制造公司在价格和服务上竞争，是通过一个共同的零售商销售其替代产品，并直接向最终客户提供服务。张和王研究了由制造商、零售商组成的双渠道供应链的两种动态定价策略，重点研究了服务价值对决策和对复杂性的影响。Ma 等（2017）研究了基于零售服务输入的双渠道博弈模型的最优决策，分析了服务输入调整速度对系统复杂度和市场绩效的影响。此外，Ghosh（2018）讨论了一个由一个制造商和两个零售商组成的两级供应链的最优定价策略，该供应链具有价格和服务的敏感性。

以上文献分析了在不同的情境下渠道服务水平对渠道定价的影响，同时探究了服务因素对供应链利润的影响。除此之外，在服务契约方面学者们也进行了广泛研究。针对服务成本分摊，杨浩雄（2017）建立了存在服务合作契约的双渠道供应链博弈模型，比较了在不同情境下，供应链系统的最优价格策略和服务策略。在 BOPS 模式下，范辰等（2018）研究了向上销售和渠道主导结构的 BOPS 定价与服务合作问题，研究发现零售商主导下，单位补偿契约可以实现供应链中主体的利润分配；在制造商主导下，批发价格契约可以促进供应链中渠道之间的合作。在最优库存分配对零售业利润有显著影响的情况下，Protopappa Sieke 等（2016）提出了多个服务水平契约下的最优两期库存分配策略。在主从博弈下，Sadjadi 等（2018）研究了两个制造商和一个零售商同时在服务和简单价格折扣契约三个因素下进行博弈，发现服务和价格折扣契约可以提高供应链绩效。针对由实体店和直销渠道构成的双渠道供应链，浦徐进等（2018）研究了实体店的服务对供应链渠道协调的影响，发现实体商店通过提供服务产生的不同效应对供应链运作机理的影响具有差异性。针对垂直双渠道供应链，张学龙等（2018）分析了服务替代系数、价格替代系数和两者同时扰动等三种情境下的供应链利润模型，并基于三种情形提出了相应的最优策略。除此之外，范丹丹等（2017）研究了分散和集中决策下线上线下需求迁移的供应链 O2O 最优服务问题。掌曙光等（2018）通过构建主从模型和能力决策函数，研究了制造商和服务提供商合作时供应链的决策问题，发现满足一定条件时，能够实现供应链的帕累托改进。Xie 等（2108）通过构建收益共享契约和成本共享契约，解决正向渠道冲突问题，引入斯塔克尔伯格博弈模型，研究契约协调机制。

在双渠道供应链中，渠道之间的竞争不可避免。基于决策者行为因素对渠道竞争，Li 等（2016）研究了具有公平关切行为的零售商提供增值服务时的供应链渠道均衡问题。针对供应链系统分别采用差别定价和非差别定价方案，Zhou 等（2018）研究了供应链成员搭便车行为对两个渠道的定价/服务策略及利润的影响。Jena 和 Sarmah（2016）研究了通过同一零售商为顾客提供服务的两个制造商在价格和服务方面的竞争等问题。在服务溢出方面，基于供应链中渠道权利的差异，李伟等（2017）在考虑服务溢出效应的基础上，分别构建了制造商处于主导地位、零售商处于主导地位和两者处于平等地位三种情况下的博弈模型，研究发现服务溢出效应在三种情况下对供应链的影响具有显著差异。考虑到网络渠道对传统渠道的服务溢出效应，利用消费者效用理论，黄鹏飞（2017）探究了不同零售方案下的定价决策和效益，分析了服务溢出效应对零售商利益关系及其他成员效益的影响。李习栋和马士华（2018）探究了在服务溢出或服务不溢出条件下，制造商的风险态度对两种渠道市场策略的影响。结果表明服务溢出效应在一定范围内将对供应链带来积极效应。Cai 等（2009）利用价格折扣合同和定价方案协调双渠道供应链，发现价格折扣合同和一致定价方案可以减少渠道冲突。Tao 和 Li（2018）建立了 O2O 渠道模型，分析了服务水平、搭便车系数和奖金策略对定价政策和渠道绩效的影响。Zhao 等（2017）研究了考虑互补产品和不同市场权利结构的双渠道供应链定价问题，讨论了重要参数对定价策略的影响。

许多学者对多渠道供应进行了广泛深入研究（Hsieh 等，2014；Liu 等，2010），Breugelmans 和 Campo（2016）研究了价格促销对类别购买决策的跨渠道影响。研究发现，一个渠道的促销会对另一个渠道的类别购买产生负面影响。Matsui（2018）研究了多渠道供应链中批发和零售价格的最佳时机和水平，其中，制造商通过应用非合作博弈中设计的可观察延迟博弈框架，向竞争转售产品的零售商生产和销售产品。在包含制造商的在线直接渠道、混合零售商的在线和离线渠道的多渠道供应链中，Yu 等（2015）分别用 Stackelberg 博弈理论分析了制造商和零售商在集中控制和分散控制时的最优批发价格。结果表明分散控制可以降低供应链的效率。Esmaeilzadeh 和 Taleizadeh（2016）致力于探索最佳定价决策对于两个互补的两级供应链中的产品所具有的不同的市场力量。Li 等（2017）构造了两个竞争品牌多渠道供应链。Dan 等（2016）构建了以强大零售商为主导的斯塔克尔伯格博弈模型，研究了供应链成员的定价决策过程，分析了关键渠道因素对市场规模的影响，如渠道市场规模扩张和渠道分散率对市场规模的影响。Ma 和 Lou（2017）研究了多渠道家电供应链价格竞争的复杂性，发现混沌状态下的系统比稳定状态下的系统更具波动性，制造商的网络渠道有助于缓解牛鞭效应的影响。除了研究价格策略外，一些学者还研究了多渠道供应链中的库存和退货问题（Bai 等，2017；Cai 等，2015；Du，2018）。Hubner 等（2015）分析了不同的多渠道网络和相关的库存管理方法，以及仓库运营中的各种设计概念，并考虑了同期效应（促销期）和跨期效应（促销期后）。Luo 等（2017）基于错误的失败回报和消费者的不同渠道偏好，通过提供电子优惠券来吸引消费者在实体店试用和购买产品，检验了混合零售商的渠道整合策略。

渠道整合管理在市场营销中得到了广泛关注，Chen 等（2016）、Gao 和 Su（2016）、Gallino 和 Moreno（2014）进行了广泛研究。Jin 等（2018）研究了 BOPS 理论模型，其中采用 BOPS 的实体零售商使用推荐的服务区域来满足在线和离线客户；BOPS 服务区域的大小由单位库存成本与 BOPS 客户的比率决定。Liu 和 Zhou（2018）发现企业是否采用 BOPS 模型取决于 BOPS 消费者的规模和消费者的服务敏感度。假设一个供应链由一个批发商和两个零售商组成，Moon 等（2018）通过开发系统动力学仿真模型，展示了通过子系统之间的交互作用破坏供应链的过程。Yan 等（2018）将微信渠道引入多渠道供应链系统，发现微信渠道可以使零售商获得更高的利润，并增加了制造商的不确定性。Matsui（2018）研究了一个多渠道供应链模型，其中制造商生产和销售产品给零售商，并针对可观察的延迟博弈，分析了批发和零售价格确定的最佳时机和水平。

以上研究表明服务水平会对消费者渠道的选择、市场主体的价格策略及供应链中的企业协调等方面产生极大的影响。此外，学者们还探究了服务契约的制定对企业间价格博弈及利润分配的影响。以上研究为后续研究奠定了坚实基础。但这些研究大多只是把服务的成本函数作为服务总成本来考虑，很少从服务因素对消费者获得单位产品效用角度来研究服务投入问题。除此之外，多数研究只把服务水平作为一个影响因素来研究对消费者渠道选择、渠道最优定价和企业利润分配的影响。但在现实情境中，同时考虑创新和服务因素来研究企业间价格博弈更有实际意义。

1.2.3 有关价格决策的研究综述

在供应链中，企业价格决策问题备受学术界和商界的关注，相关学者已从多个角度和情境下对该问题进行了深入探讨。最近几年，不断出现新的因素对价格决策产生显著影响。在前人的研究基础之上，相关学者基于新的影响因素对价格决策问题展开进一步探讨。

根据现实环境，刘峰等（2016）基于产品市场需求表现的非线性，通过分析寡头厂商成本差异和需求非线性构建价格博弈模型，发现决策者在与竞争者博弈过程中不能过度调节价格，且要慎重选择市场博弈开始前的产品定价。考虑到产品的参考价对顾客选择的影响，计国君和孙忠锋（2018）基于市场中存在的异质顾客，研究了供应链系统中产品的预售和渠道的最优定价问题。所得的结论显示，参考价格将对价格歧视弹性产生重要影响。在决策权力结构对价格决策影响方面，在一个二级供应链中，潘林和周水银（2016）分析了供应链中互补产品的四种定价模式下的博弈问题，结果发现独立的定价模式相比其他三种模式对制造商更有利，产品之间的互补性程度影响零售商利润的获得。基于顾客对不同渠道表现出的差异性和不同渠道运营成本的差异等因素，赵静和肖亚倩（2018）通过对闭环供应链中不同情境下博弈模型的分析，发现市场上顾客的渠道偏好通过产品定价进而对决策者的利润产生影响。赵静和朱昆（2018）在对存在两个线上渠道供应链的研究中，基于供应链决策者的决策权力，通过对三种定价博弈模型的分析，发现供应链中不同的企业主导将对供应链成员的收益产生不同影响。在三种权利结构中，消费者行为（如渠道偏好）对渠道的价格博弈产生不同影响。在细分市场下，基于消费者会对新产品和再造产品产生不同的偏好，学者高举红等（2018）研究了该种情况下的闭环供应链价格博弈模型，发现消费者不同的产品偏好将导致新产品和再造品的市场价格产生不同程度的波动。在网络外部环境中，王天宇等（2019）考虑游戏产品的价格受到游戏消费者的偏好影响，基于游戏市场和产品的销售周期，构建了游戏产品的动态定价模型，分析了动态模型中的产品的质量、成本参数和网络的外部性程度对动态价格博弈的影响。进入新时代，消费者和企业更加注重对身边环境的保护，消费者产生了低碳购物倾向，企业也会主动进行低碳投入。在低碳供应链中，刘名武等（2018）基于消费者低碳偏好行为，研究了具有不同环保水平的两种产品的最优定价问题。通过数学解析，求得该供应链的最佳碳排量和产品零售价格。通过对比两个定价决策模型发现，差异化的定价方式对供应链成员利润的获得最有利。王晶和司凤山（2018）基于低碳产品和时滞性对价格博弈的影响，建立了绿色供应链时滞动态博弈模型，分析了动态博弈模型的稳定性条件和系统演化特征，揭示了复杂性特征下的管理学启示。除此之外，在易腐品供应中，学者对该情况下的价格博弈问题进行了探索。在易腐食品供应链中，Xu 等（2019）运用博弈理论方法，建立了两种定价策略下的博弈模型，通过对均衡解的比较，探讨了两种定价策略对供应链决策和供应商、零售商绩效的影响。针对食品企业因管理不当所造成的产品浪费现象，胡韩莉等（2019）基于产品变质率对产品动态定价的影响，研究了企业在捐赠行为下三种定价方式对企业价格策略的影响。研究发现企业捐赠行为可以提高企业的利润。消费者在网上购物时，由于不能接触物品，容易产生感知差异。因此，樊双蛟和王旭坪（2019）基于消费者的感知差异，在允许退货的情况下建立了拥有网络渠道的零售商利润模型，研究发现基于感知价值和感知差异构建的购买率和退货率模型可较好地解释已有实证研究结果，以此为基础对定价和库存进行联合优化更符合实际。Huang 等（2014）考虑了生产中断和需求中断对双渠道供应链定价和生产决策的影响。Li 等（2016）研究了绿色成本对竞争性双渠道绿色供应链零售价格和绿色程度的影响。Kouvelis 等（2018）讨论了在输入价格波动和摩擦环境下供应链契约问题，提出了一个具有随机需求、随机输入成本、生产提前期和流动资金约束的双边垄断供应链博弈理论问题。Li 等（2016）研究了零售商的风险态度和不确定需求对定价策略和协调性的影响。Li 等（2014）研究了基于易腐产品和风险偏好的双渠道供应链定价策略。Radhi 和 Zhang（2018）讨论了客户偏好和客户回报率对双渠道供应链定价的影响。Li 等（2018）分析了零售商定价策略对制造商选择直销渠道的影响。Ji 等（2018）建立了考虑虚假失效收益的最优定价和收益政策的四个案例模型，分析了回购合同对最优定价政策和收益的影响。

以上研究从消费者渠道偏好、供应链决策权力结构、低碳供应链和易腐品供应链四个方面，探究了不同情境下供应链运作过程中的定价决策问题，为企业决策提供了有益参考。纵览以往学者的研究和当前消费者需求的变化，基于企业技术创新投入和渠道服务投入研究企业动态价格博弈的文献却很少，而这一问题非常切合当下企业实际情况。用非线性动力学和博弈理论来探索动态市场情况下的价格演化规律更有实际指导价值，该研究可为企业市场价格决策提供参考。

1.2.4 混沌理论在供应链中的应用

混沌理论兴起于20世纪70年代，该理论认为一个确定的系统在外部条件一定的情况下会产生相应的系统行为；当外在条件发生改变，该系统可能产生其他不确定的行为。截至目前，该理论已被众多学者应用到各个研究领域。供应链系统是一个非常复杂的系统，结构、内外部环境及其决策机制决定了其非线性动力特性。因此，运用非线性动力学中的混沌理论来研究供应链中的问题，已引起国内外越来越多学者的关注。

最早将混沌理论应用到管理学中，起于对供应链中牛鞭效应的研究（Forrester，1958）。随后，一些学者在一个四级供应链中，通过模拟经营探索了供应链中的分销行为（又称为啤酒游戏）（Sterman，1989；Mosekilde 和 Larsen，1988），该游戏逐渐演变为研究供应链动力学特性的基础模型。在静态决策、自适应决策、有限理性决策情景下，Elabbasy（2009）构建了有三个垄断厂商组成的博弈模型，并分析了三种决策情景下的博弈模型的市场均衡问题。针对竞争者存在差异化策略和歧视策略两种情况时，巩永华等（2010）发现在歧视定价下企业对产品的差异化和定价权的依赖性有所缓解。基于混沌动力学理论，王冠辉（2011）研究了在需求波动情况下，供应链中不同节点企业的产量决策博弈行为。研究发现，过大的产量调整速度将导致市场竞争陷入混沌，并采用参数控制法对混沌市场进行控制。Elsadany（2010）利用博弈理论和系统动力学理论，分析了具有延迟效应的两寡头博弈模型，并给出了模型稳定的内在条件，发现具有延迟有限理性的企业达到纳什均衡点的概率较高。在不允许退货和生产商能力有限的情况下，王晶等（2012）讨论了动态博弈系统演化过程中所表现出的混沌特征。Zhang 和 Ma（2012）讨论了市场存在四个垄断厂商时市场博弈状况，并对混沌现象进行了有效控制。假设市场需求为非线性，Ma 和 Pu（2011）采用三维差分方程建立了具有不同预期的三元博弈模型，研究发现参数的变化导致博弈模型表现出混沌现象。在需求确定和需求不确定两种情况下，Hwarng 和 Yuan（2014）利用混沌理论分析了六种模式下供应链中所有成员库存的变化情况。Guo 和 Ma（2013）首先在一个闭环供应链中建立了具有不同理性的博弈模型，其次对模型进行了复杂性分析。针对中国的废旧家电市场，基于废旧品残值和回收服务等多种因素，谢磊和马军海（2015）分析了网上回收的认可度对回收渠道利润和系统稳定性的影响，研究发现，随着网络认可度的提高，系统的利润会先减小后增加。基于动态伯川德博弈模型，Wang 等（2017）通过四维博弈模型分析了技术吸收率对市场价格、博弈者利润和产品成本之间的关系，并通过复杂性理论分析了系统的动态演化。在只有一个制造商使用两个不同渠道来销售产品的供应链中，Yi 等（2018）运用非线性动力学原理，分析了在批发价格和销售佣金确定时制造商和零售商的决策机制。仿真结果表明，如果批发价格和销售佣金的调整速度发生剧烈变化，系统将陷入混沌状态。考虑企业环境税对市场博弈的影响，Elsadany 和 Awad（2018）研究了在企业私有化和非私有化两种情况下，产量博弈模型和价格博弈模型竞争中表现出的差异，并分析了模型的复杂动力学特征。一些学者基于熵理论分析了供应链的复杂性（Zuo 和 Kajikawa，2017；Wang 等，2016）。Kriheli 和 Levner（2018）利用信息熵分析了不确定性环境下供应链各组成部分之间的复杂性。Levner 和 ptuskin（2018）提出了基于熵的优化模型，以减少供应链模型规模和评估经济损失。Lou 等（2017）运用熵和复杂性理论，分析了具有销售博弈和消费者回报供应链中的牛鞭效应。Han 等（2016）建立了水电市场双滞后双寡头博弈模型，分析了时滞参数对系统熵和稳定性的影响。

1.3 研究内容及创新点

1.3.1 研究内容

本书各章具体内容如下：

第 1 章首先指出了本书的研究背景和研究意义，并对研究现状进行了概括总结。其次，介绍了本书所研究的问题、主要内容、创新点和研究思路。

第 2 章介绍了本书所涉及的相关基础概念与理论。先后介绍了供应链和供应链管理的相关概念及知识，博弈理论的相关概念、博弈的构成要素、纳什均衡和博弈的类型，三种经典博弈模型，以及动力系统的理论基础和混沌理论基础。

第 3 章主要研究由一个制造商和一个零售商构成的双渠道供应链。基于制造商对产品技术创新投入和零售商对传统渠道进行服务投入，分别构建了静态基础模型和动态伯川德博弈模型。在静态基础模型中，通过推理计算求出了制造商和零售商的最优反应函数，探究了创新投入量和服务值对最优定价的影响。在动态伯川德博弈模型中，基于系统动力学理论，首先分析了动态价格博弈系统的稳定性条件。其次，利用数值仿真方法，分析了创新投入、服务值和利他偏好行为对动态系统稳定域的影响；通过分岔图，探究价格调整参数对制造商和零售商价格及效用博弈演化的影响。同时，借助混沌吸引子图和初值敏感性图探究了动态价格博弈系统表现的复杂动力学现象，重点分析了创新投入量和服务值对动态博弈系统的价格和效用的影响。最后，在混沌的控制方面，对比了参数控制和自适应控制两种混沌控制方法。

第 4 章研究了在制造商最优创新条件下两种渠道服务投入的动态价格博弈问题。制造商不仅要考虑技术创新，同时要进行服务投入，而零售商只需考虑服务投入。在兼顾决策者风险规避行为的条件下，探究了决策者风险态度对最优反应函数的影响。在制造商最优创新投入条件下，着重探讨了两种渠道的服务值变化对系统行为的影响。

第 5 章构建了一个多渠道动态服务博弈模型，其中零售商经营一个线下渠道，制造商经营一个线上渠道，并为客户提供线上购买及于线下零售商商店（BOPS）提货的选择权。制造商和零售商以渠道利润最大化为经营目标，使渠道服务博弈处于最优定价状态。本章研究了多渠道供应链系统的平衡解、稳定域、复杂性熵和效率。对模型进行了理论分析，并从熵理论、博弈理论和混沌动力学角度进行数值模拟。

第 6 章主要研究由制造商和零售商组成的多渠道供应链。针对渠道服务和合作，提出了基于边际利润和 BRE 规则的纳什博弈模型和斯塔克尔伯格博弈模型。调查分析了两种动态博弈模型的复杂性特征，研究价格调整速度对系统稳定性的影响，以及服务水平对系统利润和稳定性的影响。通过数学分析对平衡点的稳定性进行分析，并利用分岔图、熵分布图等探讨参数对系统稳定域和熵的影响，讨论最大李雅普诺夫指数、混沌吸引子等。

第 7 章对全书内容和成果进行了系统总结，分析研究存在的不足及启示，并结合市场竞争现实状况对研究进行了展望。

1.3.2 创新点

基于制造商创新和渠道服务的影响，本书建立了双渠道供应链价格博弈模型，运用博弈理论和系统动力学理论，揭示价格调整参数、创新投入量、服务值及决策者的行为对制造商和零售商价格博弈、利润的影响。探讨了供应链系统动态演化的特征，为供应链中企业基于制造端创新和渠道服务进行价格决策提供有益启示。

本书的创新点主要有以下两点：

（1）本书以制造商创新投入和渠道服务投入的双渠道供应链作为研究对象，在模型构建方面，与一般供应链的价格博弈模型相比，具有明显的不同。其一，该模型是在高质量发展背景下，基于制造商创新和渠道服务投入两个因素对价格博弈及供应链系统的影响，具有很强的现实性。其二，在模型构建方面，与以往文献模型构建基础不同。本书从创新对需求影响的角度来构建创新投入与产出模型，而以往文献大多基于降低成本研究价格博弈问题，而从需求角度来构建数学模型更符合家电企业的实际状况。在服务投入模型构建方面，先前的研究大多是从总成本角度来构建服务投入模型，而本书是从消费者获得单位服务值视角来构建需求函数，这种构建方式能够直观地反映服务给顾客带来的效用。其三，之前研究主要从静态运作的角度来研究双渠道供应链的定价和服务决策。本书构建了一个多通道动态服务博弈模型，并运用动力学理论、博弈理论和熵理论分析其动态演化特征，揭示了决策变量和参数对多渠道服务供应链稳定性的影响。其四，本书拓宽和丰富了针对多渠道服务供应链的研究，为多渠道企业开展多渠道研究和决策提供了新视角，利于决策者希望为多渠道供应链制定服务策略，以解决企业的实际问题。其五，基于多渠道供应链渠道合作与服务，建立了考虑OSC 的多渠道供应链模型，为多渠道研究提供了新视角。探讨了服务合作对OSC 多渠道供应链的影响，为企业决策提供参考建议。

（2）在研究与应用拓展方面，本书研究成果不仅丰富和发展供应链定价决策理论，而且为企业基于创新和服务投入进行价格调整提供决策依据，具有一定的应用价值。本书构建的基于制造商创新投入和渠道服务投入的两种价格博弈模型，可据此挖掘两种因素影响下价格演化博弈特征，进而提炼出可为企业决策服务的管理启示，为企业价格决策及控制提供方向指导，进一步拓展了博弈理论和动力学理论在实际中的应用。

1.4 技术路线和研究框架

本书基于大量文献与市场实际竞争情况开展研究，运用管理学、博弈理论、经济学和非线性动力学理论，通过计算实验分析方法对供应链价格博弈模型进行定性、定量和复杂性分析。本书不仅对价格竞争模型展开一般理论研究，而且根据具体的市场竞争状况进行研究，可以说是对具体市场或特定行业的应用性研究。

本书的研究技术路线如图 1-2 所示。

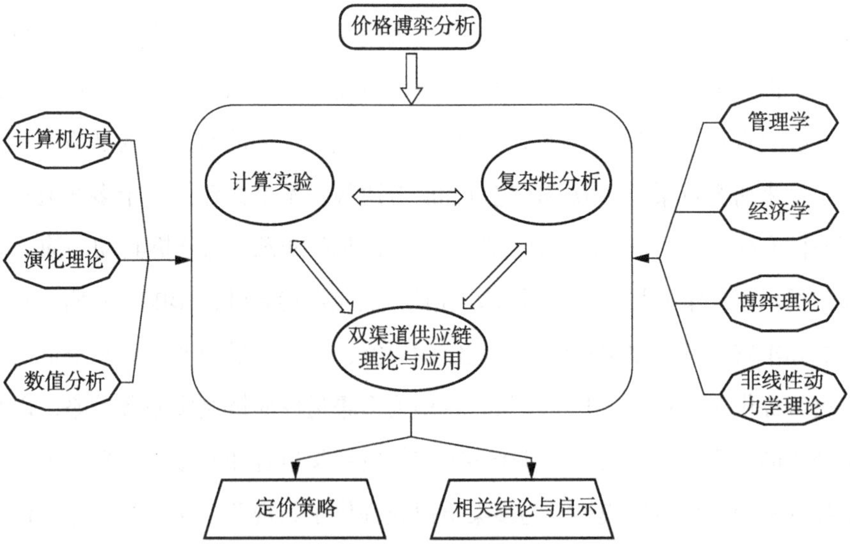

图 1-2 本书的研究技术路线

本书的研究框架如图 1-3 所示。

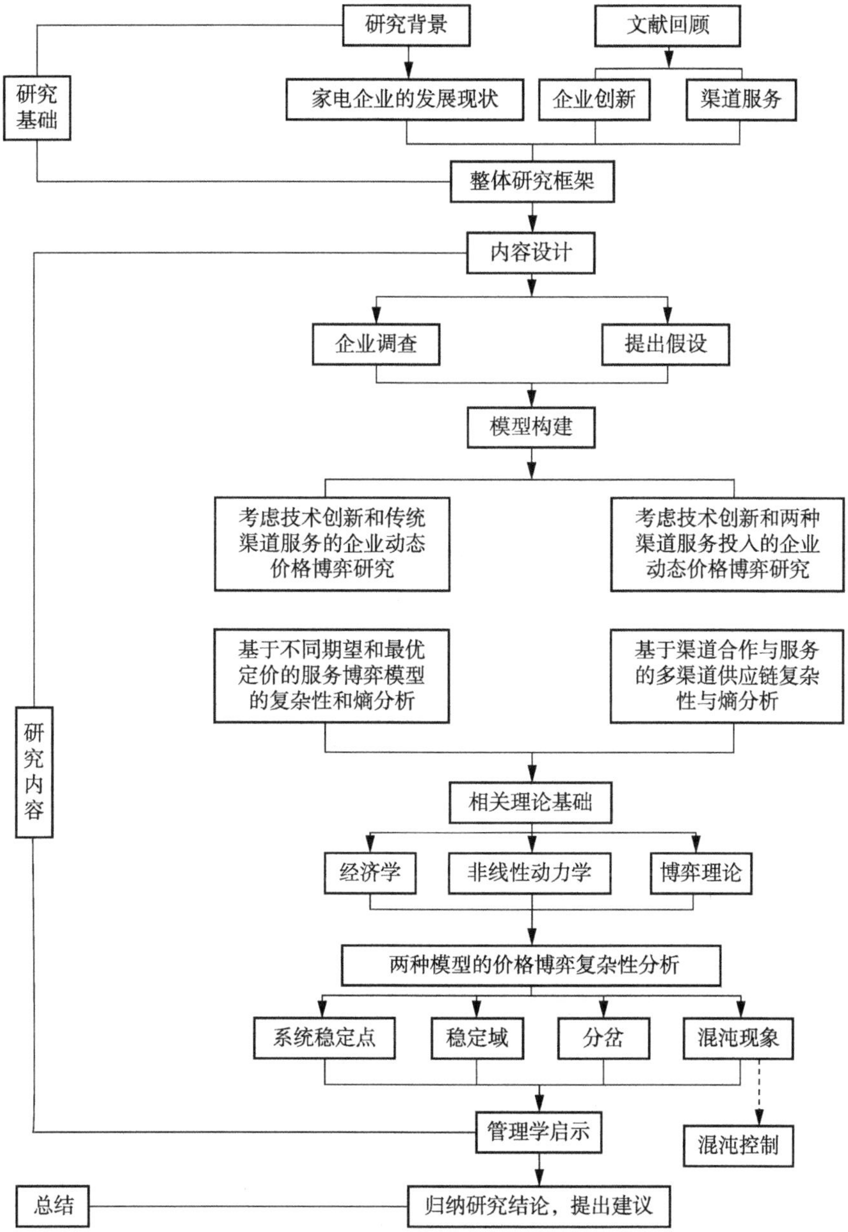

图 1-3　本书的研究框架

第 2 章

相关理论基础

本章主要研究基于创新和服务的双渠道供应链中企业动态价格博弈问题。在介绍相关基础理论和研究现状基础之上，对研究问题进行数学建模，并分析模型中各相关参数对价格博弈的影响，同时对系统表现出的复杂性特征进行分析总结。本章在建模和分析过程中主要应用博弈理论和非线性动力学理论。

2.1 博弈理论

2.1.1 博弈理论的相关概念

博弈理论又称为对策理论，主要研究各主体之间或各组成要素之间的相互关系及均衡问题。有学者将博弈理论定义为：在一个特定的博弈中，存在某些特定的人和组织，在一定的环境下，所有博弈参与人员或组织按照博弈的顺序，在备选策略中选择实施合适的策略，并得到相应的博弈结果（谢识予，2008）。1944 年之后，博弈理论得到较快发展，广泛应用于多门学科中。利用博弈理论对复杂网络系统和供应链系统进行分析，是一种比较有效的方法。

2.1.2 博弈的基本构成要素

一次完整的博弈过程至少包含五个要素，如图 2-1 所示。

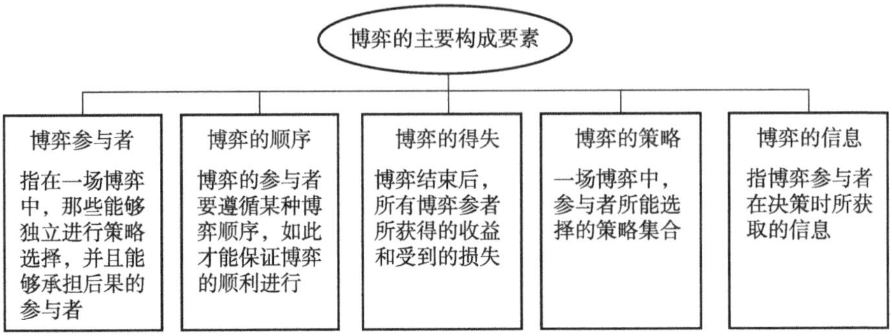

图 2-1　博弈的主要构成要素

2.1.3　纳什均衡

为了准确说明纳什（Nash）均衡，我们采用数学方法来解释纳什均衡。假设 g 为目前正在进行的一场博弈。在这场博弈中存在 N 个参与者，他们的策略集合可以表示为 S_1'，S_2'，…，S_N'。博弈中博弈方的得失可以用 e_i'表示，$i=1$，2，3，…，N。博弈 g 可以表述为 $g=\{S_1', \cdots, S_N'; e_1', \cdots, e_N'\}$。

假设 N 个博弈方每人选取一个策略组成一个策略集合 $\{s_1'', \cdots, s_N''\}$，$s_{ij}'' \in S_N'$，表示第 i 个博弈参与者的第 j 个策略。假设在该策略下，每个决策者的决策 s_i'' 对其他决策者来说都是最优的，则这时称组合 $\{s_1'', \cdots, s_N''\}$ 为该博弈的纳什均衡。纳什均衡表示在某一策略组合下，所有参与者都能获得最大的效用。

2.1.4　动态伯川德博弈模型

当市场上的经营者比较少时，为了占领更多的市场份额，他们之间会进行激烈竞争，即寡头竞争。在寡头竞争中，存在三种经典博弈模型，分别为古诺博弈模型、伯川德博弈模型和斯塔克尔伯格博弈模型。本书基于动态伯川德博弈模型进行企业价格博弈及应用研究。

动态伯川德博弈模型是由法国著名经济学家约瑟夫·贝特兰德于 19 世纪 80 年代提出的。动态伯川德博弈模型是以价格为变量的博弈模型，分析动态伯川德博弈模型要对市场状况和寡头厂商进行约束：

（1）假设厂商 1 和厂商 2 能够生产足够多且相似的产品，博弈时，厂商1和厂商2独立决策。

(2) 厂商1和厂商2生产相似的产品，产品单位生产成本无差异。

(3) 厂商1和厂商2不存在勾结行为。

厂商1和厂商2在市场销售无差异产品，且供给无穷大。当厂商1的产品零售价格大于厂商2产品的零售价格时，消费者选择价格低的。这时候厂商1的产品销售量为零，厂商2获得了市场的全部利润。之后，厂商1调整零售价格，使其低于厂商2的零售价格。在这种情况下，厂商1获得市场全部利润，厂商2的营业额为零。按这种规则博弈下去，T商1和厂商2定价最后会停留在边际成本上，厂商1和厂商2都无法获得利润，甚至可能亏损，这就是“伯川德悖论”。产生伯川德悖论有两方面原因：

(1) 现实中厂商1和厂商2的产能不可能无穷大，当厂商的生产能力满足不了市场需求时，就会导致产品价格上涨。

(2) 厂商1和厂商2生产的产品在外观功能上无任何差异。如果厂商1和厂商2生产的产品存在差异，消费者就会有不同的选择，可以避免厂商1和厂商2的纯粹价格博弈。

2.2 非线性动力学理论

由相互作用的元素或组织所形成的整体即为系统。系统中元素和组织变化会导致系统发生相应的变化。随着社会发展的多元化，经济系统的构成越来越复杂，市场经济表现出非线性特征。在此情境下，传统的经济学理论解释某些经济现象时暴露了其局限性，学者开始尝试用其他理论来解释。在这种情况下，非线性动力学理论被许多经济学家用来研究和解释经济现象，使之成为研究经济现象的主要工具之一。

2.2.1 动力系统理论基础

1. 动力系统

现实中，诸如鱼儿的繁衍、股市的波动等随时间变化的系统，可称为动力系统。假设 W 表示随时间变化而由所有复杂状态所构成的一个集合，则 φ_t：$W \to W$，就可以刻画系统随时间 t 的变化情况。本书所构建的非线性动力系统就是一个随时间变化的动力系统，动力系统处于不同状态时，非线性系统会表现出不同的状态。

2. 不动点的稳定性

若 x' 满足 $f(x')=0$，则该点 x' 称为系统的不动点。在力学研究中，系统稳定性用来表示系统随时间运动所达到的平衡状态。

目前有两种比较常用的系统稳定性判断方法，分别为 Jury 判据和劳斯（Routh）判据。

假设非线性动力系统的特征方程如下：

$$F(\lambda)=b_0+b_1\lambda+\cdots+b_{n-1}\lambda^{n-1}+b_n\lambda^n=0 \tag{2-1}$$

其中，b_i（$i=1, 2, 3, \cdots, n$）为实数。

（1）Jury 判据

根据下面的规则对特征方程 $F(\lambda)$ 系数进行排序：

λ^0	λ^1	λ^2	λ^3	$\cdots$	λ^{n-k}	$\cdots$	λ^{n-1}	λ^n
b_0	b_1	b_2	b_3	$\cdots$	b_{n-k}	$\cdots$	b_{n-1}	b_n
b_n	b_{n-1}	b_{n-2}	b_{n-3}	$\cdots$	b_k	$\cdots$	b_1	b_0
c_0	c_1	c_2	c_3	$\cdots$	c_{n-k}	$\cdots$	c_{n-1}	
c_{n-1}	c_{n-2}	c_{n-3}	c_{n-4}	$\cdots$	c_{k-1}	$\cdots$	c_0	
d_0	d_1	d_2	d_3	$\cdots$	d_{n-2}			
d_{n-2}	d_{n-3}	d_{n-4}	d_{n-5}	$\cdots$	d_0			
$\cdots$	$\cdots$	$\cdots$	$\cdots$					
p_0	p_1	p_2	p_3					
p_3	p_2	p_1	p_0					
q_0	q_1	q_2						

其中，$c_k=\begin{vmatrix} b_0 & b_{n-k} \\ b_n & b_k \end{vmatrix}$，$k=0, 1, 2, \cdots, n-1$；$d_k=\begin{vmatrix} c_0 & c_{n-1-k} \\ c_{n-1} & c_k \end{vmatrix}$，$k=$

0，1，2，…，$n-2$；

$$e_k=\begin{vmatrix} d_0 & d_{n-2-k} \\ d_{n-2} & d_k \end{vmatrix},\ k=0,\ 1,\ 2,\ \cdots,\ n-3$$

…

$$r_0=\begin{vmatrix} q_0 & q_3 \\ q_3 & q_0 \end{vmatrix};$$

$$r_1=\begin{vmatrix} q_0 & q_2 \\ q_3 & q_1 \end{vmatrix};$$

$$r_2=\begin{vmatrix} q_0 & q_1 \\ q_3 & q_2 \end{vmatrix}.$$

动力系统的稳定性的判定依据可总结如下：

①$F(1)=F(m)|_{m=1}>0$，

② $(-1)^n F(-1)=(-1)F(m)|_{m=1}>0$，

③$n-1$ 个约束条件：

$|b_0|<b_n$，$|c_0|>|c_{n-1}|$，$|d_0|>|d_{n-2}|$，$|e_0|>|e_{n-4}|$，…，$|p_0|>|p_3|$，$|q_0|>|q_2|$.

当且仅当以上三个条件同时成立时才能保证系统处在稳定状态。

（2）劳斯（Routh）判据

假设 $b_1>0$，列出 Hurwitz 行列式：

$$N_1=b_1,\ N_2=\begin{vmatrix} b_1 & b_0 \\ b_3 & b_2 \end{vmatrix},\ N_3=\begin{vmatrix} b_1 & b_0 & 0 \\ b_3 & b_2 & b_1 \\ b_5 & b_4 & b_3 \end{vmatrix},\ \cdots,\ N_n=\begin{vmatrix} b_1 & b_0 & \cdots & 0 \\ b_3 & b_2 & \cdots & 0 \\ \vdots & \vdots & \vdots & \vdots \\ b_{2n-1} & b_{2n-2} & \cdots & b_n \end{vmatrix}$$

在以上行列式中，若 $i>n$，则 $b_j=0$，多项式 $F(\lambda)$一切根的实部为负值的充分必要条件为 $N_1>0$，$N_2>0$，$N_3>0$，…，$N_{n-1}>0$，$M_{n-2}>0$。

3. 分岔理论定义及类型

分岔理论主要研究非线性动力系统的参数对均衡解的影响。动力系统中参数的变化将引起系统平衡点变化，从而导致系统解的个数发生变化。分岔现象与系统的稳定性问题是密不可分的。当系统运行到某个关键值，系统的拓扑结构突然改变，即拓扑结构发生质变。动力系统中常见的分岔有霍夫分岔、叉型分岔和鞍结分岔。

4. 吸引子

吸引子是混沌现象发生的一个重要特征，即在相空间内，有无数多个不稳定的点构成的有界点集合。下面用微分方程来表示一个系统，以该系统为例来解释吸引子的形成过程。

$$\frac{\mathrm{d}V}{\mathrm{d}t}=g(V),\ V=(v_1,\ v_2,\ \cdots,\ v_n) \tag{2-2}$$

分别以 v_1，v_2，…，v_n 为坐标，可以形成系统所在的一个相空间，相空间内的每一个点可以用来代表动态系统的解。这些无数点位于相空间内不同位置，代表了动态系统的运动轨迹。

Lanford 给出了吸引子定义：假设 K 是一个相空间内的一个集合，该集合必须满足下面四个条件：

①$\frac{\mathrm{d}V}{\mathrm{d}t}=g(V)$，$V=(v_1,\ v_2,\ \cdots,\ v_n)$ 产生的流对于 K 不发生变动；

②K 对周围的邻域表现出吸引性，周围元素表现出向 K 移动的趋势；

③在 K 上的流是不断循环的；

④K 具有不可分割性，即不能划分为若干子集。

5. 李雅普诺夫指数

李雅普诺夫指数描述动力系统中渐进轨道的不稳定性，通常用来表示系统进入混沌状态的特征。

相关学者以一维映射为例给出了李雅普诺夫指数的定义（Dafouz 等，2002；Wu 等，2015）：

$$x_{t+1}=f(x_i,\ \mu) \tag{2-3}$$

其中，μ 为系统的相关参数。假设在一维相空间内存在 x_0 和 y_0 两个相邻的点，于是：

$$x_t = f^{(t)}(x_0,\ \mu),\ y_t = f^{(t)}(y_0,\ \mu) \tag{2-4}$$

$$|x_t - y_t| = |x_0 - y_0|\, e^{\lambda(\mu)t} \tag{2-5}$$

从式（2-4）可观察到 x_t 与 y_t 之间的差值随着时间 t 呈现出指数变化的趋势。

对式（2-5）变形可得：

$$\lambda(\mu) = \frac{1}{t}\ln\frac{|x_t - y_t|}{|x_0 - y_0|} \tag{2-6}$$

式（2-6）中，$|x_0 - y_0| \to 0$，$t \to \infty$ 时，$\lambda(\mu) = \lim\limits_{t\to\infty}\frac{1}{t}\ln\frac{|x_t - y_t|}{|x_0 - y_0|}$ 为系统的 Lyapunov。由此可得该指数大于 0 时，系统处在混沌状态。

2.2.2 混沌理论基础

1. 混沌的定义

混沌是指对于一个确定的系统，由于其自身形成的一种很难预测或类似随机的运动状态。由于对混沌的研究还处在探索阶段，许多混沌特征还未被完全解读，尚没有明确的混沌定义。下面介绍两种从数学角度对混沌所下的定义。

1975 年，Li 和 Yoke（1975）给出其对混沌的定义：存在一个映射 f，如果其能满足下面两个条件，且能够在 S 上保持连续，则称其为混沌。

（1）对 $\forall s_1,\ s_2 \in U\ (s_1 \neq s_2)$，其中有：$\lim\limits_{n\to\infty} sup\,|f^n(s_1) - f^n(s_2)| > 0$，$\lim\limits_{n\to\infty} inf\,|f^n(s_1) - f^n(s_2)| = 0$.

（2）对任一周期点 $s_1 \in S$，及任意的 $s_2 \in H$，有：$\lim\limits_{n\to\infty} sup\,|f^n(s_1) - f^n(s_2)| > 0$，且不可数集合 $H \in S$。

数学家 Devaney 也从数学的角度给出了其对混沌的定义。f：$v \to v$ 是度量空间 v 上的映射，其若能满足以下三个约束条件，则可以称该映射为混沌。

（1）对初始值的敏感依赖性。$\exists\delta>0$，在 x 的 ε 邻域 I 内存在 y 和自然数 n，使得 $d(f^n(x), f^n(y))>\delta$，其中 $\varepsilon>0$，$x\in V$。

（2）拓扑传递性。如果 X，Y 是 v 上的任意开集，并且总是存在一个正数 k，使得 $f^k(X)\cap Y\neq\varphi$。

（3）f 的周期点集在 v 中稠密。

2. 混沌的特征

当系统运动到极限状态时，这时候系统是混沌的。一般的耗散系统都会出现这种混沌状态。在该状态下，系统会表现出内在随机性、有界性、遍历性、初值敏感性和正的最大李雅普诺夫指数等特征。除此之外，还具有可伸缩性、连续功率谱和分形等特征。

第 3 章

考虑技术创新和传统渠道服务的企业动态价格博弈研究

本章基于制造商对产品的技术创新投入和零售商对传统渠道的服务投入，分别构建基础博弈模型和动态伯川德博弈模型。在基础模型中通过推理计算，得出系统的最优反应函数，并探究创新投入量和服务值对最优定价策略的影响。在动态博弈模型中，基于系统动力学理论，对价格博弈的动态系统的稳定性进行分析，利用数值仿真的方法，分析创新投入量、服务值和利他偏好系数对系统稳定性的影响。同时借助分岔图和 Lyapunov 指数图，分析价格调整系数对价格博弈及系统利润的影响，并且探讨系统处于混沌状态下表现出的复杂特征。分析创新投入量和服务值对系统价格博弈及系统效用的影响。当系统处于混沌状态时，采用两种控制方法对混沌现象进行有效控制。

3.1 问题描述和模型构建

3.1.1 问题描述

随着社会经济发展和人们生活水平的提高，消费者需求发生了明显变化，对高科技产品和高水平服务需求越来越旺盛。基于此，本章考虑制造商创新投入和零售商服务投入，研究双渠道供应链中企业动态价格博弈问题。双渠道供应链系统如图 3-1 所示，在该供应链系统中，制造商进行产品生产时为了满足消费者对产品智能化和个性化的需求，对产品进行技术创新投入，技术创新投入量为 I_m。制造商所生产的产品通过其直销渠道，以零售价 p_1 销售给消费者。零售商以价格 w 从制造商那里获得商品，并以零售价 p_2 销售给顾客。同时，为了满足消费者对零售服务的需求，为消费者提供服务值为 v_r 的服务。面对同一市场，具有利他偏好的制造商和零售商通过价格进行竞争。

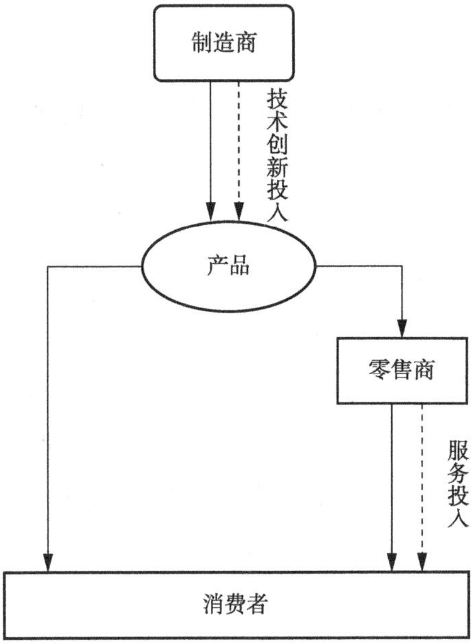

图 3-1　双渠道供应链系统

3.1.2　模型假设及符号说明

基于双渠道供应链，对本章所研究的问题做如下假设：

（1）假设市场上存在两种消费者，一种是传统渠道偏好的消费者，一种是直销渠道偏好的消费者。市场需求足够大，且市场需求与零售价格呈线性关系，即价格越高，需求量越小。

（2）制造商和零售商做决策时不仅关注自身效用的获得，同时关注竞争对手效用的获得，即表现出利他偏好，且决策的目标是自身效用最大化。

（3）为了保证零售商能够获利，假设 $v_r<w<p_2$，服务成本函数为：$c_r=\eta\frac{v_r^2}{2}$，η 为服务成本系数，且 $c_r+w<p_2$。

（4）为了研究创新投入量和服务值对价格博弈及供应链收益的影响，为不失一般性，假设制造商和零售商的单位分销成本为零（丁锋、霍佳震，2014），仅仅考虑创新投入成本和渠道服务成本。

研究过程中所选变量及参数如表 3-1 所示：

表 3-1 符号说明

符号	解释说明
a	潜在市场需求量
θ	消费者渠道偏好率（$0<\theta<1$）
w	产品的批发价格
p_i	产品零售价格（$i=1, 2$）
c	单位产品的制造成本
Q	创新投入带来的市场需求量
b_i	价格弹性系数（$i=1, 2$）
β_i	交叉价格弹性系数（$0<\beta_i\leqslant 1, i=1, 2$）
I_m	技术创新投入量
v_r	服务值
c_r	服务投入成本
ε	创新投入系数
γ	制造商利他偏好系数（$0<\gamma<1$）
φ	零售商利他偏好系数（$0<\varphi<1$）

3.1.3 基础博弈模型的构建

已有很多学者研究了创新因素对生产成本的影响，在这些文献中生产成本与创新投入之间遵循严格凸的函数关系。通过调研发现，创新投入对需求量的影响也具有这种关系，因此根据边际效用递减原理及前人对创新投入的研究（Junhai 等，2016），构建的创新投入与需求的关系如下：

$$I_m=\varepsilon Q^2 \tag{3-1}$$

其中，ε 越大，表明获得单位创新的成本越高。由式（3-1）可以得到 $Q=A_0\sqrt{I_m}$，其中 $A_0=\frac{\sqrt{\varepsilon}}{\varepsilon}$。由此可以看出，技术创新投入对产品需求的作用是边际递减的，与现实情况相符。

考虑到需求不仅受价格的影响，还受制造商的技术创新投入和零售商的服务投入的影响，根据相关学者的研究，两种渠道的需求函数分别为：

$$\begin{cases}D_m=\theta a-b_1p_1+\beta_1(p_2-v_r)+\theta\frac{1}{\sqrt{\varepsilon}}\sqrt{I_m}\\D_r=(1-\theta)a-b_2(p_2-v_r)+\beta_2p_1+(1-\theta)\frac{1}{\sqrt{\varepsilon}}\sqrt{I_m}\end{cases} \tag{3-2}$$

其中，$b_i>\beta_i$，且 $b_i>1$，$\beta_i\leqslant1(i=1，2)$，表示自身价格对需求的影响大于竞争者价格对需求的影响。

根据现实情况，相关参数应该满足以下约束条件：

$$\begin{cases}(i)\,0<c<w<p_1\\(ii)\,w+c_r<p_2\\(iii)\,D_m>0，D_r>0\end{cases} \tag{3-3}$$

即：

$$\begin{cases}0<c<w<p_1<\dfrac{\theta ab_2+(1-\theta)a\beta_1+(1-\theta)\frac{\beta_1}{\sqrt{\varepsilon}}\sqrt{I_m}+\theta\frac{b_2}{\sqrt{\varepsilon}}\sqrt{I_m}}{b_1b_2(1-\beta_1\beta_2)}\\0<w+c_r<p_2<\dfrac{(1-\theta)ab_1+\theta a\beta_2+\theta\frac{\beta_2}{\sqrt{\varepsilon}}\sqrt{I_m}+(1-\theta)\frac{b_1}{\sqrt{\varepsilon}}\sqrt{I_m}}{b_1b_2(1-\beta_1\beta_2)}+v_r\end{cases} \tag{3-4}$$

制造商和零售商的利润函数可表示为：

$$\begin{cases}\pi_m=(p_1-c)D_m+(w-c)D_r-I_m\\\pi_r=(p_2-w-c_r)D_r\end{cases} \tag{3-5}$$

考虑到供应链成员在决策时表现出的利他偏好，制造商和零售商的效用函数构建如下（林志炳，2014）：

$$\begin{cases}U_m=\pi_m+\gamma\pi_r\\U_r=\pi_r+\varphi\pi_m\end{cases}\tag{3-6}$$

其中，$0<\gamma<1$，$0<\varphi<1$。当 $\gamma=0$ 时，制造商是完全自利的决策者，决策时只考虑自身利润。当 $0<\gamma<1$ 时，制造商为利他偏好决策者，表明决策者在实现自身效用最大化时兼顾其他成员的效用。φ 的表述与之相同。

由此，可以得到制造商和零售商的效用反应函数：

$$\begin{cases}U_m=\gamma(p_2-w-c_r)\left[(1-\theta)a-b_2(p_2-v_r)+\beta_2p_1+(1-\theta)\frac{1}{\sqrt{\varepsilon}}\sqrt{I_m}\right]\\ \quad+(w-c)\left[(1-\theta)a-b_2(p_2-v_r)+\beta_2p_1+(1-\theta)\frac{1}{\sqrt{\varepsilon}}\sqrt{I_m}\right]\\ \quad+(p_1-c)\left[\theta a-b_1p_1+\beta_1(p_2-v_r)+\theta\frac{1}{\sqrt{\varepsilon}}\sqrt{I_m}\right]-I_m\\ U_r=(p_2-w-c_r)\left[(1-\theta)a-b_2(p_2-v_r)+\beta_2p_1+(1-\theta)\frac{1}{\sqrt{\varepsilon}}\sqrt{I_m}\right]\\ \quad+\varphi(w-c)\left[(1-\theta)a-b_2(p_2-v_r)+\beta_2p_1+(1-\theta)\frac{1}{\sqrt{\varepsilon}}\sqrt{I_m}\right]\\ \quad+\varphi(p_1-c)\left[\theta a-b_1p_1+\beta_1(p_2-v_r)+\theta\frac{1}{\sqrt{\varepsilon}}\sqrt{I_m}\right]-\varphi I_m\end{cases}\tag{3-7}$$

命题1：根据纳什均衡理论，制造商和零售商的最优定价为：

$$\begin{cases}p_1^*=-\dfrac{2b_2Z_1+(\beta_1+\beta_2\gamma)Z_2}{\varphi\beta_1^2-4b_1b_2+\gamma\beta_2^2+\beta_1\beta_2+\beta_1\beta_2\varphi\gamma}\\ p_2^*=-\dfrac{2b_1Z_2+(\beta_2+\beta_1\varphi)Z_1}{\varphi\beta_1^2-4b_1b_2+\gamma\beta_2^2+\beta_1\beta_2+\beta_1\beta_2\varphi\gamma}\end{cases}\tag{3-8}$$

其中：

$$Z_1=\theta a-\beta_2(c-w)-\beta_1v_r+b_1c-\beta_2\gamma\left(\frac{\eta v_r^2}{2}+w\right)+\frac{\theta\sqrt{\varepsilon I_m}}{\varepsilon}>0$$

$$Z_2=b_2\left(\frac{\eta v_r^{\ 2}}{2}+w\right)+b_2v_r-a(\theta-1)-\varphi[\beta_1c-b_2(c-w)]-\frac{(\theta-1)\sqrt{\varepsilon I_m}}{\varepsilon}>0$$

证明：对 U_m 和 U_r 分别求关于 p_1 和 p_2 一阶导数：

$$\begin{cases}\dfrac{\partial U_m}{\partial p_1}=\left[\theta a-2b_1p_1+\beta_1(p_2-v_r)+\theta\dfrac{1}{\sqrt{\varepsilon}}\sqrt{I_m}\right]+b_1c\\ \qquad +[\beta_2(w-c)+\gamma\beta_2(p_2-w-c_r)]\\ \dfrac{\partial U_r}{\partial p_2}=\left[(1-\theta)a-b_2(2p_2-v_r)+\beta_2p_1+(1-\theta)\dfrac{1}{\sqrt{\varepsilon}}\sqrt{I_m}\right]\\ \qquad +b_2[(w+c_r)-\varphi(w-c)]+\beta_1\varphi(p_1-c)\end{cases} \tag{3-9}$$

令上述一阶条件式（3-9）等于零，可以得到制造商和零售商的最优定价为式（3-8）。

将式（3-8）代入式（3-7）得到制造商和零售商的最优效用函数为：

$$\begin{cases}U_m^*=\gamma(p_2^*-w-c_r)\left[(1-\theta)a-b_2(p_2^*-v_r)+\beta_2p_1^*+(1-\theta)\dfrac{1}{\sqrt{\varepsilon}}\sqrt{I_m}\right]\\ \qquad +(w-c)\left[(1-\theta)a-b_2(p_2^*-v_r)+\beta_2p_1^*+(1-\theta)\dfrac{1}{\sqrt{\varepsilon}}\sqrt{I_m}\right]-I_m\\ \qquad +(p_1^*-c)\left[\theta a-b_1p_1^*+\beta_1(p_2^*-v_r)+\theta\dfrac{1}{\sqrt{\varepsilon}}\sqrt{I_m}\right]\\ U_r^*=(p_2^*-w-c_r)\left[(1-\theta)a-b_2(p_2^*-v_r)+\beta_2p_1^*+(1-\theta)\dfrac{1}{\sqrt{\varepsilon}}\sqrt{I_m}\right]\\ \qquad +\varphi(w-c)\left[(1-\theta)a-b_2(p_2^*-v_r)+\beta_2p_1^*+(1-\theta)\dfrac{1}{\sqrt{\varepsilon}}\sqrt{I_m}\right]\\ \qquad +\varphi(p_1^*-c)\left[\theta a-b_1p_1^*+\beta_1(p_2^*-v_r)+\theta\dfrac{1}{\sqrt{\varepsilon}}\sqrt{I_m}\right]-\varphi I_m\end{cases} \tag{3-10}$$

命题2：制造商创新投入越大，制造商和零售商的最优定价越高，即最优定价随创新投入量的增加而增加。

证明：对 p_1^*，p_2^* 分别求关于I_m 一阶导数：

$$
\begin{cases}
\dfrac{\partial p_1^*}{\partial I_m}=-\dfrac{2b_2\theta\sqrt{\varepsilon I_m}+(\beta_1+\beta_2\gamma)(1-\theta)\sqrt{\varepsilon I_m}}{2\varepsilon I_m(\varphi\beta_1^2-4b_1b_2+\gamma\beta_2^2+\beta_1\beta_2+\beta_1\beta_2\varphi\gamma)} \\
\dfrac{\partial p_2^*}{\partial I_m}=-\dfrac{2b_1(1-\theta)\sqrt{\varepsilon I_m}+(b_2+b_1\varphi)\theta\sqrt{\varepsilon I_m}}{2\varepsilon I_m(\varphi\beta_1^2-4b_1b_2+\gamma\beta_2^2+\beta_1\beta_2+\beta_1\beta_2\varphi\gamma)}
\end{cases}
\tag{3-11}
$$

由参数设置可以得知 $\varphi\beta_1^2-4b_1b_2+\gamma\beta_2^2+\beta_1\beta_2+\beta_1\beta_2\varphi\gamma<0$，即式（3-8）、式（3-11）中的分母全都小于零。又因为 $0<\theta<1$，可以得 $\dfrac{\partial p_1^*}{\partial I_m}>0$，$\dfrac{\partial p_2^*}{\partial I_m}>0$，故命题2得证。

3.2 动态博弈模型的构建及分析

在家电市场，制造商和零售商的竞争是一个长期过程。因此，本节基于动态变化的市场环境，构建家电企业的动态价格博弈系统，并探索在动态市场环境下，供应链系统的均衡点及稳定性。

3.2.1 动态演化博弈模型的构建

根据效用方程（3-7），分别求 U_m，U_r 关于 p_1，p_2 的一阶偏导，可得制造商和零售商的边际效用函数：

$$
\begin{cases}
\dfrac{\partial U_m(t)}{\partial p_1(t)}=\theta a-2b_1p_1(t)+\beta_1[p_2(t)-v_r]+\theta\dfrac{\sqrt{\varepsilon I_m}}{\varepsilon}+b_1c+(w-c)\beta_2 \\
\qquad +\gamma[p_2(t)-w-c_r]\beta_2 \\
\dfrac{\partial U_r(t)}{\partial p_2(t)}=(1-\theta)a-2b_2p_2(t)+b_2v_r+\beta_2p_1(t)+(1-\theta)\dfrac{\sqrt{\varepsilon I_m}}{\varepsilon}+b_2\left(w+\dfrac{\eta v_r^2}{2}\right) \\
\qquad +\varphi[p_1(t)-c]\beta_1-\varphi(w-c)b_2
\end{cases}
\tag{3-12}
$$

在动态博弈过程中，制造商和零售商通常基于本期的边际利润做下一期的决策。然而，由于市场环境的复杂，决策者无法获取足够的市场信息，决策不可能达到最优状态。根据有限理性原则，参与者可以基于前期边际效用，通过参数调节达到动态均衡。当决策者观察其 t 期时的边际效用表现积极时（即边际效用大于零），决策者在 $t+1$ 期就会提高市场零售价格以获得更多市场效用；当决策者感受 t 期的边际效用表现消极时，在 $t+1$ 期就会相应降低市场零售价格。

根据这一原则，其动态决策过程表述如下：

$$p_i(t+1)=p_i(t)+\xi_i p_i(t)\frac{\partial U_{m/r}[p_1(t),\ p_2(t)]}{\partial p_i(t)},\ (i=1,\ 2) \quad (3-13)$$

其中，$\xi_i(0<\xi_i<1,\ i=1,\ 2)$ 表示决策者的价格调整速度。如果决策者通过调整ξ_i 能获得较大的竞争优势，实现其商业目标，就会不断地对该参数进行调整。

将式（3-12）代入式（3-13），可以得到价格博弈的离散动力系统：

$$\begin{cases} p_1(t+1)=p_1(t)+\xi_1 p_1(t)\left[\theta a-2b_1p_1(t)+\beta_1(p_2(t)-v_r)+\theta\dfrac{\sqrt{\varepsilon I_m}}{\varepsilon}+b_1c\right] \\ \qquad +\xi_1 p_1(t)\left[(w-c)\beta_2+\gamma(p_2(t)-w-c_r)\beta_2\right] \\ p_2(t+1)=p_2(t)+\xi_2 p_2(t)\left[(1-\theta)a-2b_2p_2(t)+b_2v_r+(1-\theta)\dfrac{\sqrt{\varepsilon I_m}}{\varepsilon}\right] \\ \qquad +\xi_2 p_2(t)\left[b_2\left(w+\dfrac{\eta v_r^2}{2}\right)+\varphi(p_1(t)-c)\beta_1+\beta_2p_1(t)-\varphi(w-c)b_2\right] \end{cases}$$

(3-14)

3.2.2 动态博弈系统的均衡点

系统（3-14）为非线性系统，该系统与线性系统最大区别是有多个均衡点。根据均衡点的定义，在系统（3-14）中，令$p_i(t+1)=p_i(t)$，可以得到方程组（3-15）。

$$\begin{cases} \xi_1 p_1(t)\left[\theta a-2b_1p_1(t)+\beta_1(p_2(t)-v_r)+\theta\dfrac{\sqrt{\varepsilon I_m}}{\varepsilon}+b_1c+(w-c)\beta_2\right. \\ \left.+\gamma(p_2(t)-w-c_r)\beta_2\right]=0 \\ \xi_2 p_2(t)\left[(1-\theta)a-2b_2p_2(t)+b_2v_r+\beta_2p_1(t)+(1-\theta)\dfrac{\sqrt{\varepsilon I}}{\varepsilon}+b_2\left(w+\dfrac{\eta v_r^2}{2}\right)\right. \\ \left.+\varphi(p_1(t)-c)\beta_1-\varphi(w-c)b_2\right]=0 \end{cases} \tag{3-15}$$

通过解方程组（3-15），可以得到系统（3-14）的四个均衡点：

$$E_0=(0,\ 0),\ E_1=(\frac{Z_1}{2b_1},\ 0),\ E_2=\left(0,\ \frac{Z_2}{2b_2}\right)$$

$$E_3=\left(-\frac{2b_2Z_1+(\beta_1+\beta_2\gamma)Z_2}{\varphi\beta_1^2-4b_1b_2+\gamma\beta_2^2+\beta_1\beta_2+\beta_1\beta_2\varphi\gamma},\ -\frac{2b_1Z_2+(\beta_2+\beta_1\varphi)Z_1}{\varphi\beta_1^2-4b_1b_2+\gamma\beta_2^2+\beta_1\beta_2+\beta_1\beta_2\varphi\gamma}\right)$$

3.2.3 均衡点的稳定性分析

从以上四个均衡点中可以看出，E_0，E_1，E_2 的零售价格都存在为 0 的情况，显然不符合现实中企业的竞争情况；相比之下，E_3 更符合实际。

为了分析均衡点的稳定性，下面给出了系统（3-14）的雅克比矩阵：

$$\boldsymbol{J}=\begin{pmatrix} J_{11} & J_{12} \\ J_{21} & J_{22} \end{pmatrix} \tag{3-16}$$

其中：

$J_{11}=1+\xi_1(Z_1-4b_1p_1+\beta_1p_2+\gamma\beta_2p_2)$,

$J_{12}=(\beta_1+\gamma\beta_2)\mu_1p_1$,

$J_{21}=(\beta_2+\varphi\beta_1)\mu_2p_2$,

$J_{22}=1+\xi_2(Z_2-4b_2p_2+\beta_2p_1+\varphi\beta_1p_1)$.

命题 3：E_0，E_1，E_2 为不稳定均衡点，E_3 为系统唯一稳定均衡点。

证明：将 $E_1=\left(\dfrac{Z_1}{2b_1},\ 0\right)$ 代入矩阵（3-16），得到系统（3-14）在 E_1

处的雅克比矩阵为：

$$J(E_1)=\begin{pmatrix} 1+\xi_1(Z_1-4b_1\dfrac{Z_1}{2b_1}) & (\beta_1+\gamma\beta_2)\ \xi_1\dfrac{Z_1}{2b_1} \\ 0 & 1+\mu_2\left[Z_2+(\beta_2+\varphi\beta_1)\ \dfrac{Z_1}{2b_1}\right] \end{pmatrix} \quad (3-17)$$

系统（3-14）在 E_1 处的雅克比矩阵的特征值满足约束条件式（3-18）：

$$\begin{vmatrix} \lambda-\left[1+\xi_1\left(Z_1-4b_1\dfrac{Z_1}{2b_1}\right)\right] & -(\beta_1+\gamma\beta_2)\xi_1\dfrac{Z_1}{2b_1} \\ 0 & \lambda-\left\{1+\xi_2\left[Z_2+(\beta_2+\varphi\beta_1)\dfrac{Z_1}{2b_1}\right]\right\} \end{vmatrix}=0 \quad (3-18)$$

通过解式（3-18），可以得到两个特征值：

$$\begin{cases} \lambda_1=1-\xi_1 Z_1 \\ \lambda_2=1+\xi_2 Z_2+\xi_2(\beta_2+\varphi\beta_1)\dfrac{Z_1}{2b_1} \end{cases} \quad (3-19)$$

从以上分析可知$Z_1>0$，$Z_2>0$，故可得$\lambda_1<1$，$\lambda_2>1$。当矩阵（3-17）的特征值都小于 1 时，系统（3-14）在 E_1 点才稳定，显然 E_1 为系统（3-14）的不稳定点。E_0 和 E_2 是不稳定均衡点的证明与 E_1 类似。

接下来，对均衡点 E_3 的稳定性进行分析。

将 $E_3=\begin{pmatrix} -\dfrac{2b_2 Z_1+(\beta_1+\beta_2\gamma)Z_2}{\varphi\beta_1^2-4b_1b_2+\gamma\beta_2^2+\beta_1\beta_2+\beta_1\beta_2\varphi\gamma}, \\ -\dfrac{2b_1 Z_2+(\beta_2+\beta_1\varphi)Z_1}{\varphi\beta_1^2-4b_1b_2+\gamma\beta_2^2+\beta_1\beta_2+\beta_1\beta_2\varphi\gamma} \end{pmatrix}$ 代入系统的雅克比矩阵（3-16）得到系统（3-14）在均衡点 E_3 处的雅克比矩阵为：

$$J(E_3)=\begin{pmatrix} \lambda-J_{11}^* & -J_{12}^* \\ -J_{21}^* & \lambda-J_{22}^* \end{pmatrix} \quad (3-20)$$

其中：

$$J_{11}^*=1+Z_1\,\xi_1+\frac{8\,\xi_1 b_1 b_2\,Z_1+2\,\xi_1\,H_1 b_1\,Z_2-\xi_1\,H_1\,H_2\,Z_1}{H_3},$$

$$J_{12}^*=-\frac{\xi_1\,H_1(2\,Z_1 b_2+H_1\,Z_2)}{H_3},$$

$$J_{21}^*=-\frac{\xi_2\,H_2(2b_1\,Z_2+H_2\,Z_1)}{H_3},$$

$$J_{22}^*=1+\xi_2\,Z_2+\frac{8\,\xi_2 b_1 b_2\,Z_2+2\,\xi_2\,H_1 b_2\,Z_1-\xi_2\,H_1\,H_2\,Z_2}{H_3},$$

$$H_1=\beta_1+\gamma\beta_2,$$

$$H_2=\beta_2+\varphi\beta_1,$$

$$H_3=\varphi\,\beta_1^2-4b_1 b_2+\gamma\,\beta_2^2+\beta_1\beta_2+\varphi\gamma\beta_1\beta_2.$$

雅克比矩阵 $\boldsymbol{J}(\boldsymbol{E}_3)$ 的特征多项式如下：

$$f(\lambda)=\lambda^2+K_1\lambda+K_0 \tag{3-21}$$

其中$K_1=-(J_{11}^*+J_{22}^*)$为矩阵 $\boldsymbol{J}(\boldsymbol{E}_3)$ 的迹，$K_0=J_{11}^*J_{22}^*-J_{12}^*J_{21}^*$为 $\boldsymbol{J}(\boldsymbol{E}_3)$ 行列式的值。

根据 Jury 均衡点的稳定性判断条件，得到纳什均衡点 E_3 局部稳定的充分必要条件为：

$$\begin{cases}(i):\ 1+Tr[J\ (E_3)]+Det[J(E_3)]>0\\(ii):\ 1-Tr[J\ (E_3)]+Det[J(E_3)]>0\\(iii):\ 1-Det[J(E_3)]>0\\(iiii):\ Tr[J(E_3)]>0\end{cases} \tag{3-22}$$

当制造商和零售商的价格调整参数满足式（3-22）限制条件时，纳什均衡点 E_3 稳定。由于系统（3-14）的参数较多，直接计算调整参数的取值范围比较困难。为不失一般性，通过调整参数赋值，可以计算出制造商和零售商的价格调整参数在边界上的最大取值范围。因此，令零售商的价格调整参数$\xi_2=0$，可以得到制造商的价格调整参数ξ_1 在边界上取值范围为$\left(0,\ \frac{H_3}{(H_3+8b_1b_2-H_1\,H_2)Z_1+2\,H_1b_1\,Z_2}\right)$；当制造商的价格调整参数$\xi_1=0$时，可以得到零售商的价格调整参数$\xi_2$边界上的取值范围为$\left(0,\ \frac{H_3}{(H_3+8b_1b_2-H_1H_2)Z_2+2H_1b_2Z_1}\right)$。可以看出价格调整参数的取值范围不仅与制造商的创新投入量有关，还与零售商的服务值有关。据此提出命题4。

命题4：制造商和零售商的动态博弈系统稳定域随制造商的创新投入量和零售商服务值的增大而减小。

证明：为了能够直观地表示系统（3-14）的稳定域大小与创新投入量和服务值的关系，接下来可进行数值仿真，具体证明过程见本书3.3.2节。

3.3 数值模拟及分析

考虑到系统的复杂性，本节采用数值模拟方法，以体现相关参数对系统稳定性、动态价格博弈和系统效用的影响，并探讨系统动态演化特征。根据实际竞争情况，令$a=120$，$\theta=0.4$，$b_1=3$，$b_2=3.5$，$\beta_1=1$，$\beta_2=1$，$I_m=8$，$\varepsilon=1.2$，$v_r=2$，$\eta=0.5$，$c=6$，$w=10$，则可以计算求得该条件下的纳什均衡点$E_3(p_1^*,\ p_2^*)=(15.3178,\ 18.8743)$。

3.3.1 系统稳定域

制造商和零售商动态博弈系统（3-14）的决策变量是制造商和零售商的零售价格，为了使系统能够保持在纳什均衡点E_3处，ξ_1和ξ_2必须满足Jury判据。通过数值仿真可以得到ξ_1和ξ_2的取值范围，即系统（3-14）的稳定域，如图3-2所示。当价格调整速度处在灰色区域时，无论制造商和零售商最初定价为多少，经过数个博弈周期，最后制造商和零售商的零售价格都稳定在纳什均衡点处，此时制造商和零售商都能获得持续而稳定的市场效用。如果$\xi_1>0.0219$或者$\xi_2>0.0151$，即调整参数取值于白色区域内，系统就会进入分岔或混沌状态，制造商或者零售商有被市场淘汰的风险。因此，把价格调整参数稳定在灰色区域有利于维护市场竞争环境。

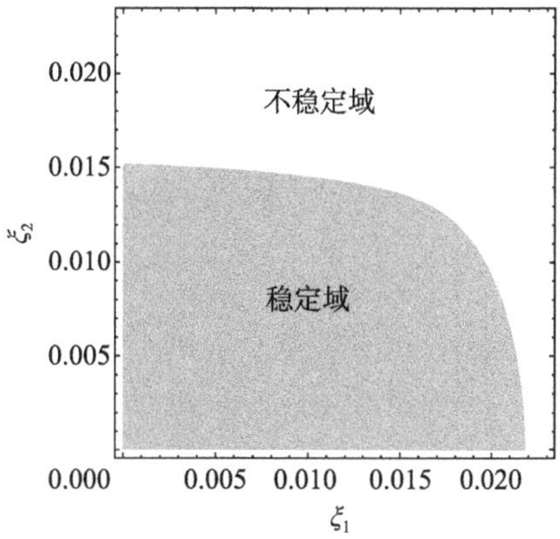

图 3-2 系统在纳什均衡点 E_3 处的稳定域

3.3.2 创新投入量、服务值和利他偏好系数对系统稳定域的影响

从图 3-1 可以看出ξ_1 在 x 轴上的边界取值范围为 $0<\xi_1<0.0219$。ξ_2 在 y 轴上的边界取值范围为 $0<\xi_2<0.0151$。为了分析制造商的创新投入量、零售商的服务值及决策者的利他偏好系数对动态博弈系统（3-14）稳定域的影响，我们分三种情境进行分析。

情境 1：当创新投入量I_m 和利他偏好系数 γ 固定，服务值 v_r 为变量，可得出不同服务值下系统的稳定域，如图 3-3 所示。

当零售商的服务值分别取 2，5 和 8 时，系统稳定域分别用深灰色、浅灰色、淡灰色表示。当零售商的服务值取 2 时，制造商和零售商的价格调整速度在坐标轴上的取值范围分别为 $0<\xi_1<0.0219$，$0<\xi_2<0.0151$；当零售商的服务值取 5 时，价格调整速度在坐标轴上的取值范围分别为 $0<\xi_1<0.0216$，$0<\xi_2<0.0123$；当零售商的服务值取 8 时，价格调整速度的边界取值范围缩小为 $0<\xi_1<0.0212$，$0<\xi_2<0.0096$。很容易看出，随着零售商服务值的变化，零售商价格调整参数减小幅度远大于制造商价格调整参数。

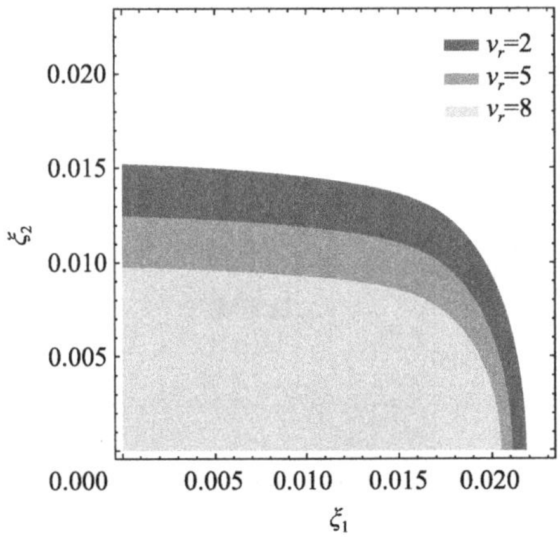

图 3-3 当$I_m=8$，$\gamma=0.5$时，v_r取不同值时系统的稳定域

情境2：当零售商的服务值v_r和利他偏好系数γ固定，制造商的创新投入量I_m为变量，可得出不同创新投入量下系统稳定域的边界范围，如图3-4所示。

图3-4中的不同颜色代表不同创新投入量下系统的稳定域。当创新投入量取9时，系统稳定域用深灰色表示，此时调整参数ξ_1，ξ_2在x轴和y轴的边界取值范围为$0<\xi_1<0.0219$，$0<\xi_2<0.012$；当创新投入量取80时，系统稳定域用浅灰色表示，价格调整速度的取值范围为$0<\xi_1<0.0207$，$0<\xi_2<0.0144$；当创新投入量取160时，系统稳定域用淡灰色表示，ξ_1，ξ_2在x轴和y轴的取值范围为$0<\xi_1<0.0191$，$0<\xi_2<0.0133$。

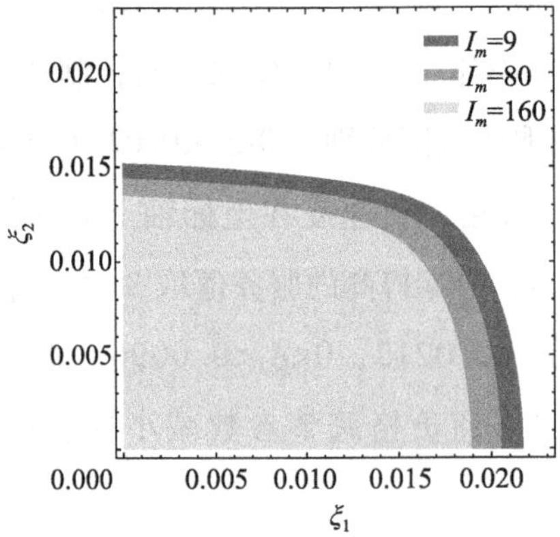

图 3-4 当$v_r=2$，$\gamma=0.5$时，I_m取不同值时系统的稳定域

情境 3：当零售商的服务值 v_r 和制造商的创新投入量I_m 固定，制造商的利他偏好系数值 γ 为变量，可得不同利他偏好下的动态博弈系统稳定域范围，如图 3-5 所示。

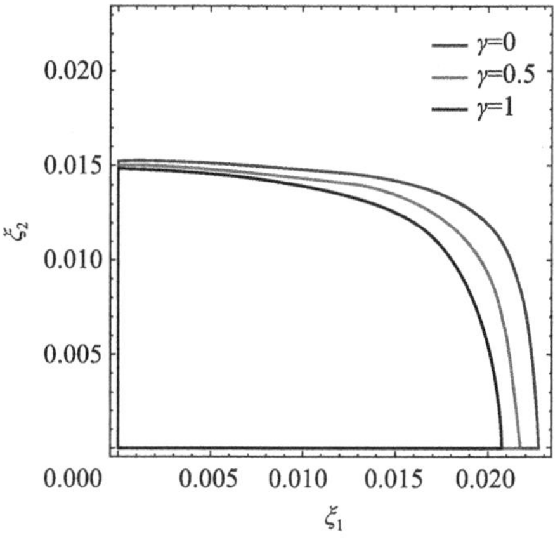

图 3-5　当I_m=8，v_r=2 时，γ 取不同值时系统的稳定域

从图 3-5 可以发现，无论如何改变 γ 的大小，零售商的价格调整速度几乎没有变化，而制造商的价格调整速度随着 γ 的增大而缩小，系统稳定域也随之缩小。由此可知，在市场竞争中，制造商过度关切零售商效用的获得，会使制造商的决策空间变小，在进行价格决策时就会陷入被动。但从另一方面讲，制造商的利他系数越大，越有利于其维护与下游零售商的关系，从而促进产品的销售。

从以上三种情境可以看到，随着创新投入量、服务值和利他偏好系数的增加，系统稳定域呈现缩小的趋势。系统稳定域可以看作制造商和零售商的博弈边界，稳定域越小，反映制造商和零售商的博弈空间越小，系统所面临的不确定性风险越大。此时，制造商和零售商进行价格决策的空间变小，决策变得谨慎。换个角度来看，制造商和零售商可以通过合作，合理增加创新和服务投入，扩大动态系统的稳定域，提高系统的稳定性，从而维持良好的市场竞争环境，实现彼此的商业目标。

3.3.3 价格调整参数对系统价格和利润的影响

首先，可以通过参数盆域（二维分岔图）揭示系统进入混沌状态的全过程，借助该工具可以清晰地展示系统在全部周期内的变化。如图 3-6 所示，x 轴和 y 轴分别代表制造商和零售商的价格调整速度参数。当动态系统中其他参数值固定，系统的运行状态随决策者的价格调整参数而变化。图 3-6 中不同的颜色代表系统的不同状态。对图 3-6 进行分析可以发现，系统进入混沌的路径有两种：①当决策者调整价格调整速度时，动态系统会依次经过数个倍周期分岔阶段进入混沌。②当决策者的价格调整速度，系统只经过一次倍周期分岔就进入混沌状态。下面以系统接第一种通向混沌路径为例，来分析价格调整参数对动态价格博弈和系统利润的影响。

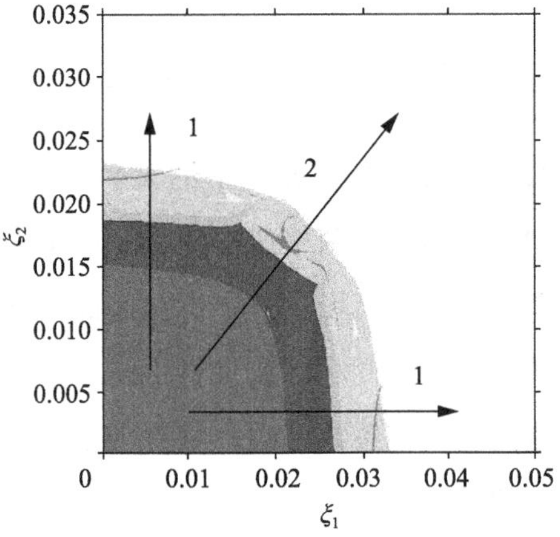

图 3-6 动态博弈系统的二维分岔

当固定参数$\xi_1=0.01$ 时，动态系统随着价格调整速度ξ_2 变化价格分岔，如图 3-7 所示。从图 3-7 可以看出，价格调整速度ξ_2 对制造商和零售商的价格决策有重要影响，当ξ_2 在（0，0.014）范围内取值时，系统处于稳定状态；当$\xi_2=0.014$ 时，系统出现第一次分岔；当$\xi_2=0.0183$ 时，系统进入四倍周期分岔状态，通过八倍周期系统进入混沌状态。

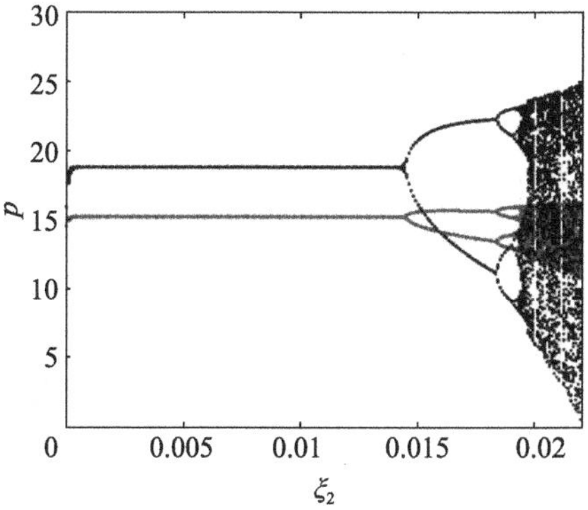

图 3-7 当$\xi_1=0.01$，系统随ξ_2变化的价格博弈分岔

当系统处于稳定状态或分岔状态时，系统的最大李雅普诺夫指数小于零；当系统不断演化进入混沌状态时，系统的最大李雅普诺夫指数大于零，由此可证系统混沌现象的发生。具体见图 3-8。

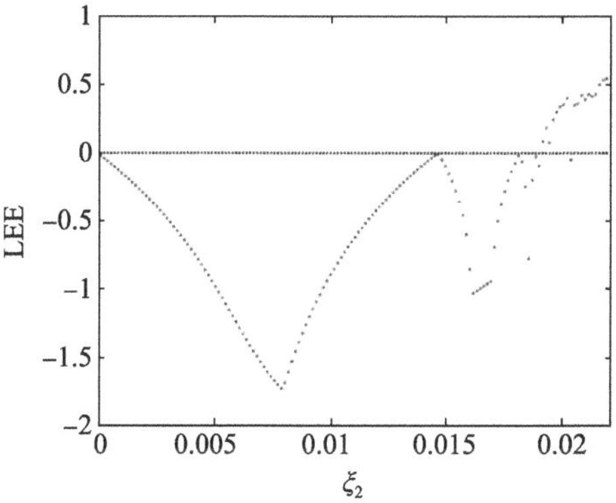

图 3-8 当$\xi_1=0.01$，系统的最大 Lyapunov 指数随ξ_2变化

图 3-9（a）反映了效用随价格调整参数ξ_2变化分岔，从中可以发现零售商和制造商的效用分岔和价格随参数ξ_2变化的趋势基本相似。市场先后经历稳定期、倍周期分岔直至进入混沌状态。从图 3-9（b）可以看出系统在稳定状态时，平均效用稳定不变；当系统进入混沌状态时，系统的平均利润由稳定到不稳定出现上下波动，且不可预测，在混沌状态系统效用明显降低。在混沌状况下，决策者很难根据本期的边际利润来制定下一

期的价格策略。

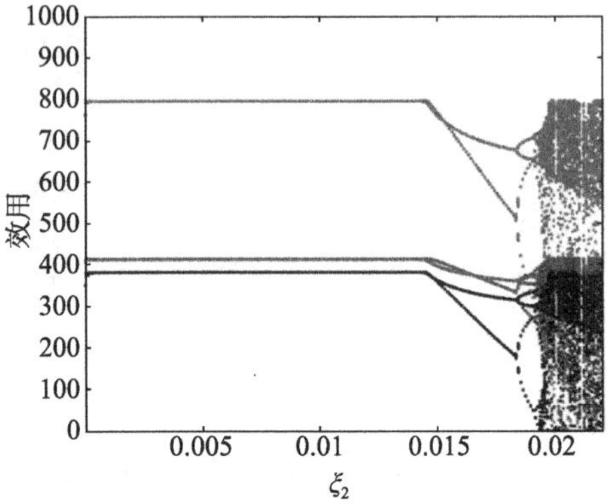

（a）系统的效用随ξ_2变化分岔

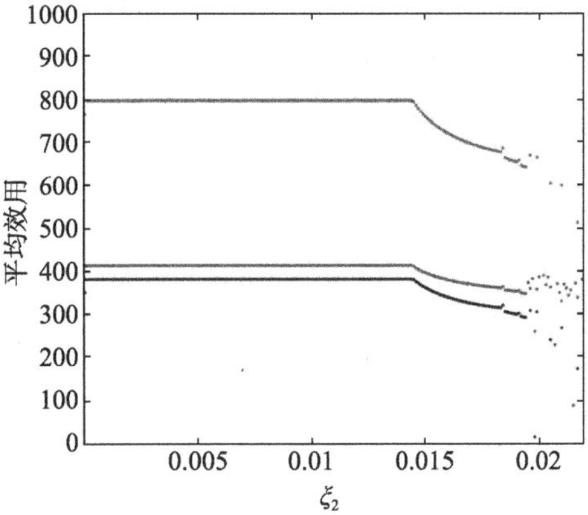

（b）平均效用随ξ_2变化

图 3-9　当$\xi_1=0.01$，系统随ξ_2变化的效用分岔和平均效用

综上可知，在初始的稳定阶段，制造商和零售商可以获得稳定的市场效用。随着价格调整速度的不断加快，市场从稳定有序的状态进入无序波动的混沌状态。由于市场效用的波动，决策者在混沌状态下无法根据本期的效用情况制定下一期的价格决策，进而可能导致其利益在下一周期受到不同程度的损失。因此，保持较小幅度的价格调整速度有利于制造商和零售商持续获得稳定的效用。

3.3.4 系统混沌状态的特征

制造商或零售商过度调整价格可能会导致系统陷入混沌状态，在该状态下系统表现出不同于稳定状态时的特征：吸引子和初值敏感性。随着时间的变化，动态系统（3-14）会运行到一种极限状态，系统的运行轨迹由无数的点构成，这些点看似规律，实则混乱。除此之外，可以看到吸引子外的轨道向吸引子靠拢。当系统稳定时，吸引子为稳定的不动点，如图 3-10（a）所示；而当系统陷入混沌，混沌吸引子空间占有更大，结构更复杂。当$\xi_1=0.01$，ξ_2 分别取 0.01，0.018，0.023 时，系统分别处于稳定期、分岔期和混沌期。图 3-10 反映了系统吸引子从稳定期到混沌期的演变过程。从图3-10（c）可以看出系统处于混沌状态时，吸引子的结构相比于稳定期更加复杂，

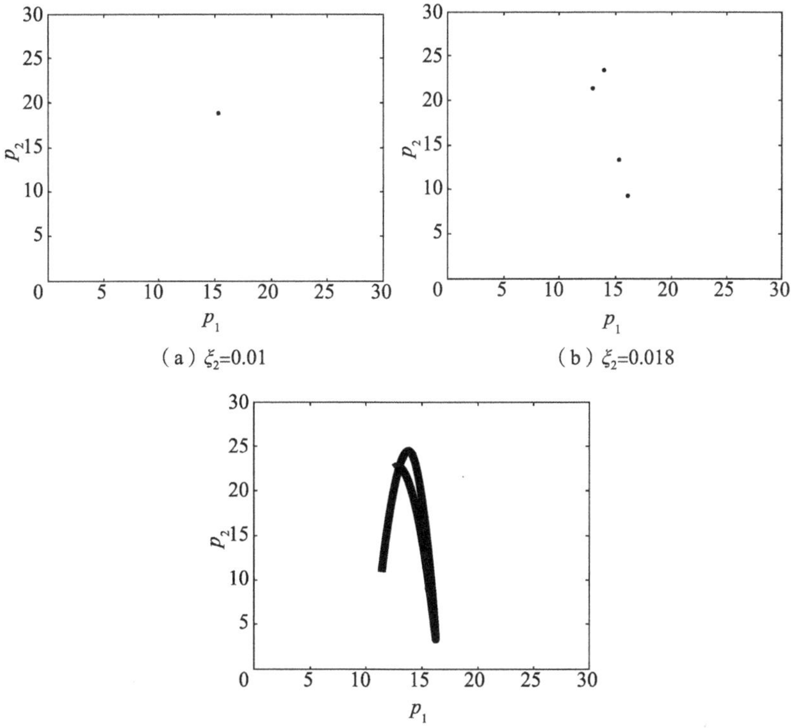

（a）ξ_2=0.01　（b）ξ_2=0.018　（c）ξ_2=0.023

图 3-10　系统处于不同状态下吸引子的变化过程

在相空间内的运动区域相对较大，运动形态隐约受一种特定的规律约束，但系统总体看似乎做随机运动。在图 3-10（c）所示的黑色区域内，运动轨迹总是在一定范围内运行，体现了系统混沌运动的有界性。

初值敏感性是混沌系统的另一个重要特征。当系统（3-14）通过演化进入混沌状态时，系统的价格演化会发生很大变化，表现出对初始定价的极强依赖性，这被广大学者称为“蝴蝶效应”。图 3-11 呈现了稳定状态时的初值敏感性。固定价格调整速度$\xi_1=0.01$，$\xi_2=0.01$ 使系统处于稳定状态，这时把初始值 $p_1=13$，$p_2=15$ 调整为 $p_1=13.001$，$p_2=15$，制造商的零售价格增加了 0.001，可以发现，大约 7 周期以后，零售价格的差值不再发生变化，零售价格处于稳定状态。固定价格调整速度$\xi_1=0.01$，$\xi_2=0.021$，使系统处于混沌状态，把制造商的零售价格提高千分之一，可以注意到，随着时间的推进，大约 40 周期后，系统的价格波动越来越明显，与系统（3-14）处于稳定状态时的情况完全不同。系统处于混沌状态时，前一期的零售价格与本期的零售价格变化变得不确定，且不可预测。

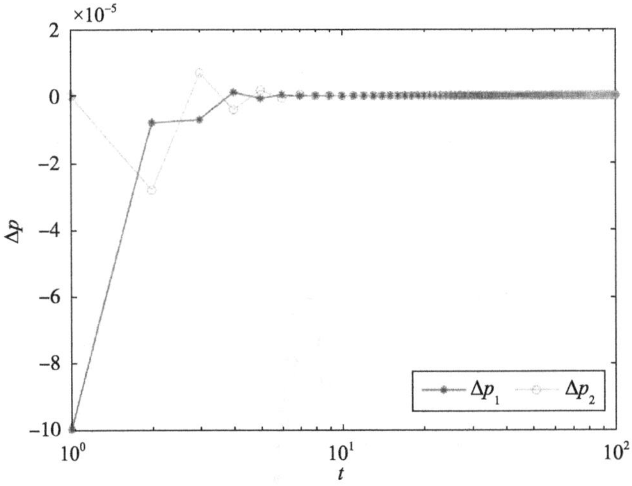

图 3-11　稳定状态下系统对初值的依赖性

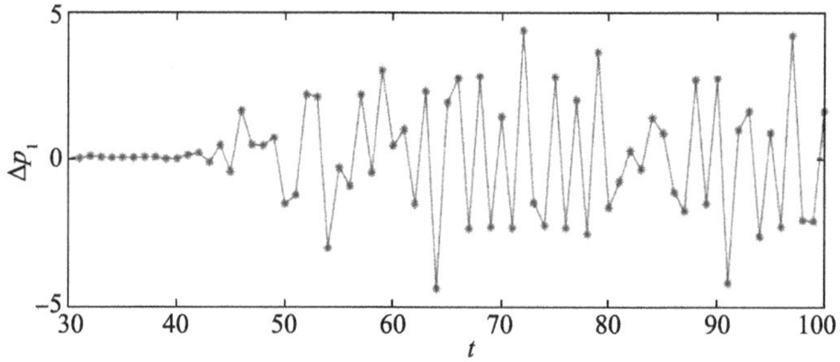

（a）混沌状态下，制造商的价格初值敏感性

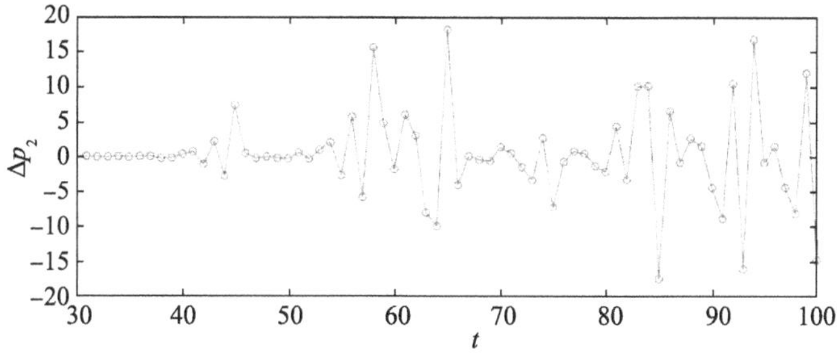

（b）混沌状态下，零售商的价格初值敏感性

图 3-12　混沌状态下系统对初值的依赖性

综合可知，当系统处于混沌状态时，产品的零售价格对初始值特别敏感，这说明系统处于混沌状态时，对于初始值敏感依赖。对决策者来说，进入市场前应该合理地制定初始价格，避免市场失序。

3.3.5　创新投入量和服务值对动态价格博弈的影响

图 3-13 体现了最优零售价格随创新投入量和服务值增长的变化趋势。当 $v_r=2$ 时，图 3-13（a）反映了制造商和零售商的零售价格随制造商创新投入量 I_m 增加而上升。当创新投入量在 0 到 300 范围内变化时，系统的价格起初呈现出非线性增长；当 $I_m>50$ 时，系统价格基本呈线性增长。当其他参数不变且 $I_m=8$，v_r 作为变量，图 3-13（b）反映了系统价格受服务值变化的影响程度。从中可以清晰地看出服务值对制造商和零售商的价格影响程度不同。零售商的价格随着服务值的增加基本呈指数式增加，而制造

商的价格只有小幅度增加。由此可看出，服务值对零售商的价格影响较大，对制造商的价格影响较小。当决策者为了提高产品的技术含量或服务水平时，必然面临产品价格上升的压力。因为产品的价格上涨会导致需求的下跌，从而对管理者的效用产生影响。因此，制造商和零售商在考虑其他因素的同时需对创新和服务进行合理投入。

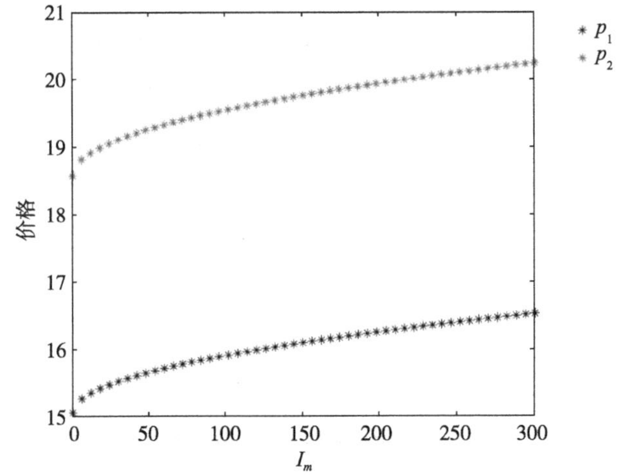

（a）最优零售价随创新投入量的变化

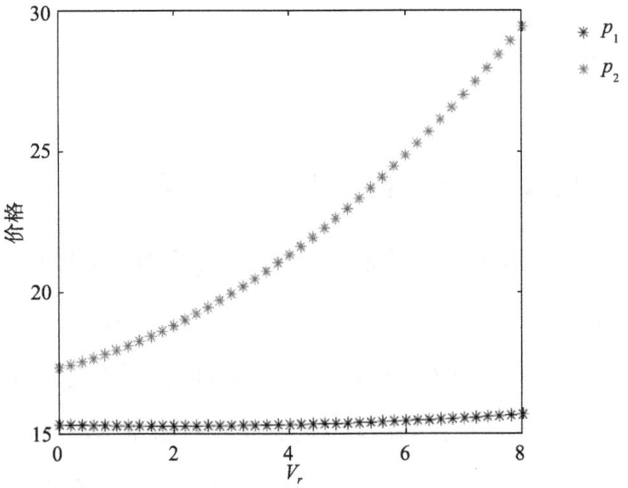

（b）最优零售价随服务值的变化

图 3-13　最优零售价格随创新投入量和服务值变化

图3-14和图3-15反映了动态情况下，创新投入量和服务值系统对动态价格博弈的影响。由图3-14（a）、图3-14（b）可以看出当创新投入为0时，系统均衡价格小于创新投入为120时的均衡价格。创新投入越大，随着价格调整参数的增加，价格博弈系统会提前进入失稳状态。图3-15反映了服务值对动态价格博弈的影响。通过对比图3-15（a）、图3-15（b），可以看出服务值越大，动态均衡价格越大，其中零售商的价格变化最大，且表现出系统提前进入混沌状态。除此之外，创新投入量和服务值对价格博弈的影响程度不同，服务值对系统进入混沌状态的速度影响更大。

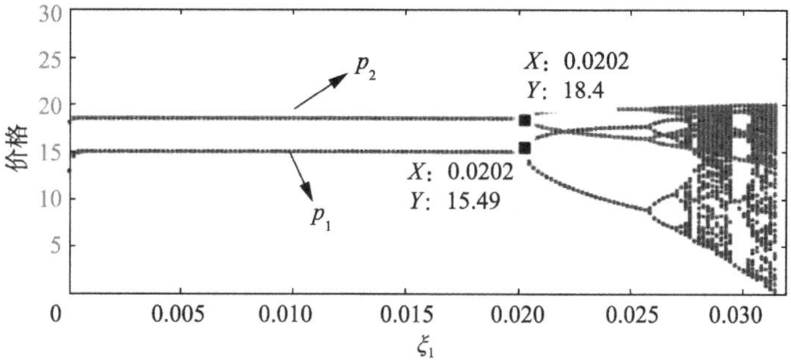

（a）I_m=0

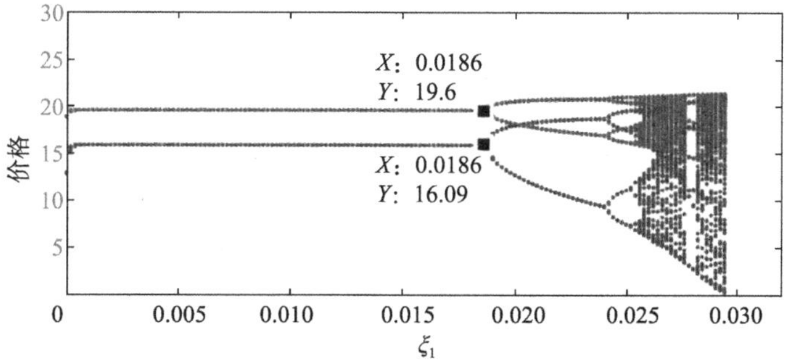

（b）I_m=120

图3-14　不同创新投入量下价格博弈分岔

综上可知，动态系统的均衡价格随创新投入量和服务值的增加而上升，其中服务值的增加对制造商的价格几乎不产生影响。在动态博弈过程中，创新投入量和服务值越大，系统越早进入混沌状态，并提前发生溢出现象。

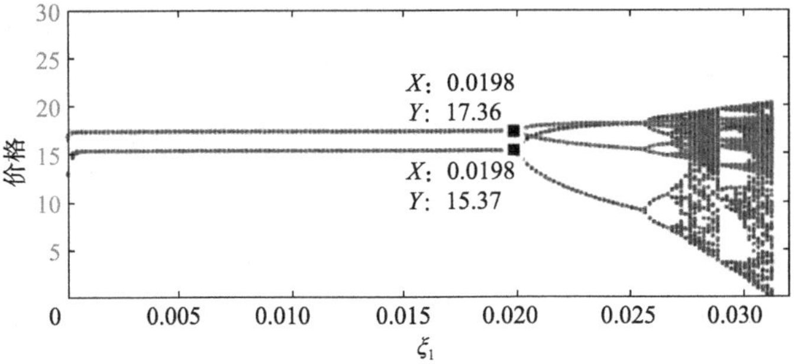

（a）v_r=0

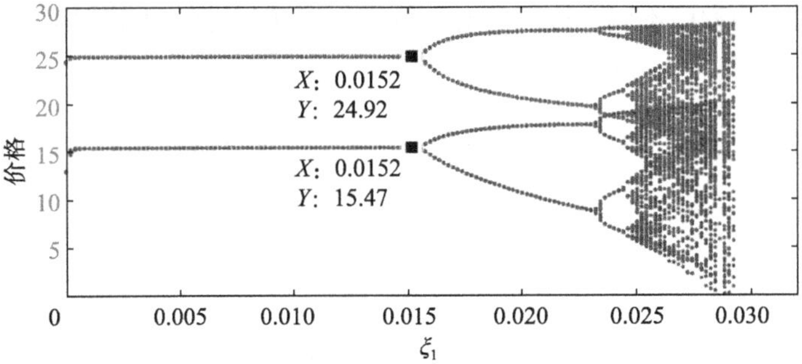

（b）v_r=6

图 3-15　不同服务值下价格博弈分岔

3.3.6　创新投入量和服务值对系统效用的影响

图 3-16 反映了制造商和零售商增加创新投入量和服务值时其效用的变化趋势。当 $v_r=2$ 时，图 3-16（a）反映了随着制造商创新投入量I_m 增加，制造商和零售商的效用先增加后减小，且当创新投入量超过一定值时，零售商的效用超过制造商的效用。主要原因在于创新投入量对需求的影响具有边际递减效用，且创新投入增加导致系统价格上升，从而需求下降，创新成本增加。当创新成本大于创新投入带来的效用时，则会导致制造商和零售商的效用损失。

图 3-17 反映了I_m 和ξ_2 变化时三维效用演变情况。研究发现，当ξ_2 在 0~1 内变化时，制造商和零售商的效用由平稳状态逐渐进入波动状态，这

时系统处于混沌状态。可以看出该状态下，系统的效用受到明显损失。在 I_m 轴上，随着创新投入量的增加制造商和零售商的效用先增加再减少。

当其他参数不变且 $I_m=8$，v_r 为变量，图 3-16（b）反映了零售商服务值变化对制造商和零售商的效用的影响。从图中可以看出服务值对制造商和零售商效用的影响与创新投入量对效用的影响具有明显不同。随着服务值 v_r 在［0，8］内变化，制造商和零售商的效用先增长再下降。当零售商的服务值在某个值时，会使制造商和零售商的效用达到最优状态。

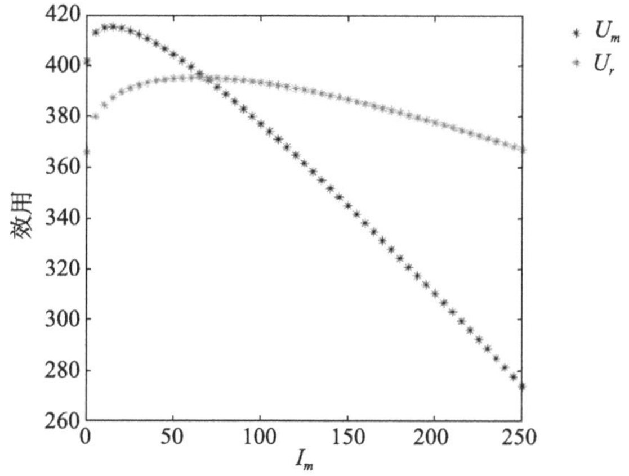

（a）随创新投入量系统效用的变化趋势

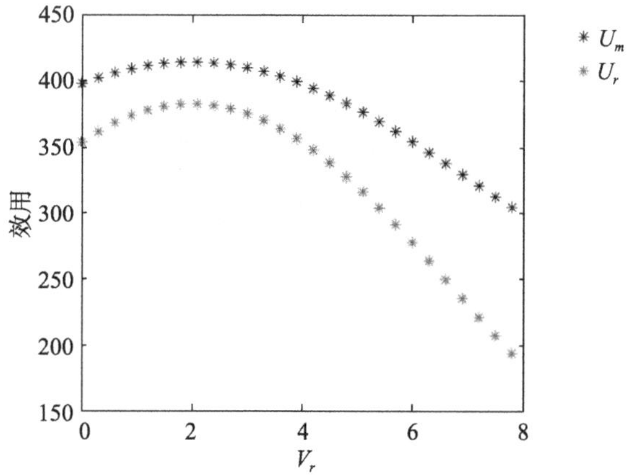

（b）随服务值系统效用的变化趋势

图 3-16　随创新投入量和服务值增长系统效用的变化

制造商和零售商作为供应链系统的成员，既合作又竞争，制造商进行创新投入决策时，不仅影响自身的效用，同时对零售商的效用产生影响；同样零售商进行服务决策时对制造商的效用也会产生影响。当制造商和零售商的创新投入量和服务值处于最佳时可以使决策者的效用最大化。因而通过供应链管理，协调制造商的创新投入量和零售商的服务值，不仅可以使制造商和零售商同时实现效用最大化，而且可以使整条供应链达到最优状态。

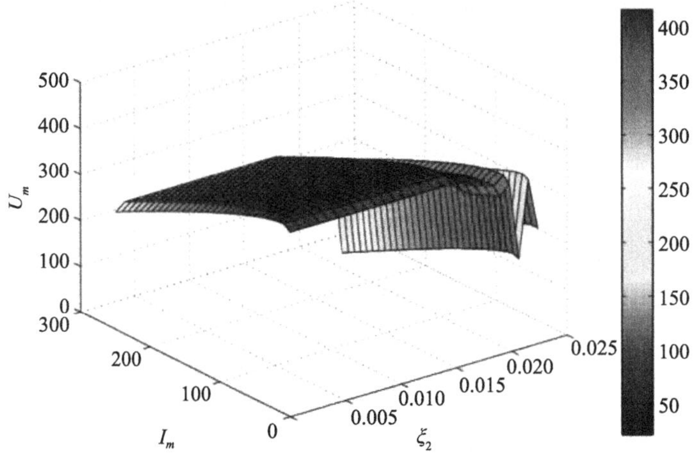

（a）制造商效用的三维变化

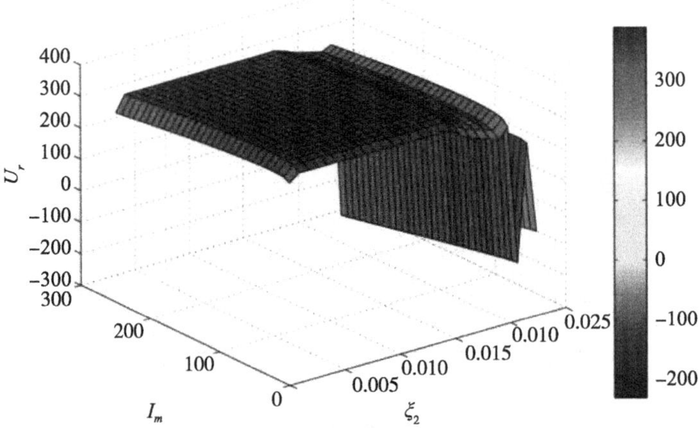

（b）零售商效用的三维变化

图 3-17　随创新投入量和调整参数变化系统的三维效用变化

3.4 混沌状态的控制

在竞争过程中，一些决策者为了追求更大的利润或市场份额，过快地调节价格，从而使价格博弈系统演变为混沌状态。在混沌状态下，市场无序且不可预测，经营主体无法对本期的价格策略进行分析和判断，无法合理地制定下周期的市场价格策略。在这种情况下，市场经营主体遭受不同程度的损失，效用最大化目标难以实现。混沌状态下决策者自我调节机制失效，要使市场脱离混沌状态，降低市场经营主体的利润损失，需要外在因素介入。为此，本书设计了两种混沌系统控制方法：直接反馈控制法和自适应控制法。

3.4.1 直接反馈控制法

由上面的分析得知，当价格调整参数$\xi_1=0.01$，$\xi_2=0.022$时，系统（3-14）处于混沌状态，这时初始系统（3-14）可表示为：

$$\begin{cases} p_1(t+1)=\varphi_1[p_1(t),\ p_2(t)] \\ p_2(t+1)=\varphi_2[p_1(t),\ p_2(t)] \end{cases} \tag{3-23}$$

系统（3-23）处于混沌状态，对其施加直接反馈控制，施加直接反馈控制后的控制系统为：

$$\begin{cases} p_1(t+1)=\varphi_1[p_1(t),\ p_2(t)] \\ p_2(t+1)=\varphi_2[p_1(t),\ p_2(t)]-\vartheta p_2(t) \end{cases} \tag{3-24}$$

由图3-18可知，控制参数$\vartheta=0$时，控制系统处于初始的混沌状态，对系统取不同ϑ值时，混沌系统被控制在倍周期分岔状态和稳定状态。此时制造商和零售商的价格相比原始价格有所下降。图3-19反映了系统平均效用的变化。

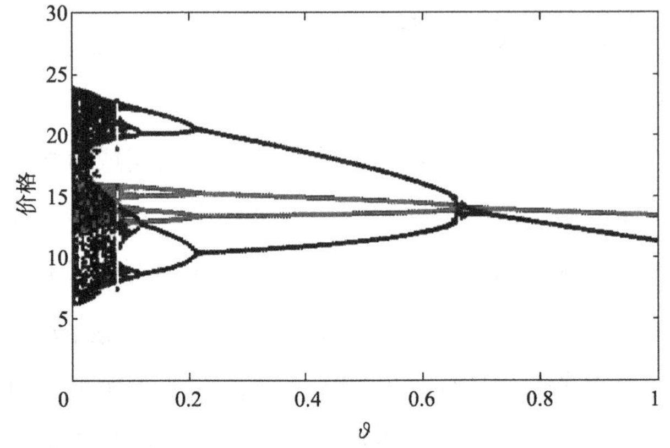

图 3-18　直接反馈控制

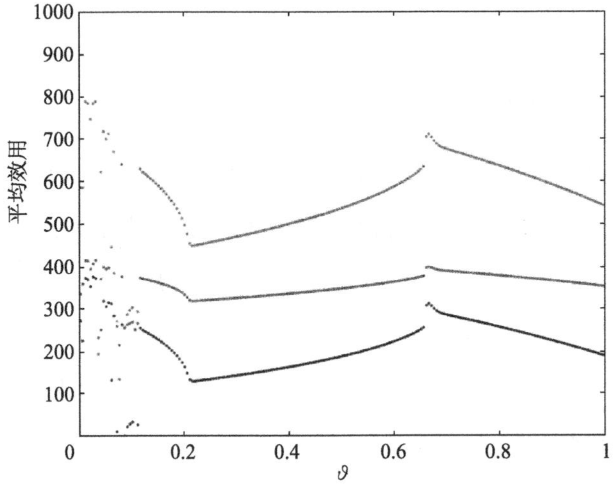

图 3-19　直接反馈控制方法下系统的平均效用

3.4.2　自适应控制法

本节将主要探讨自适应控制方法对混沌系统的控制。

采用自适应控制法，系统可表示为

$$p_i(t+1)=(1-\vartheta_i)\varphi_1[p_1(t),\ p_2(t)]+\vartheta_i p_1(t)\,(i=1,\ 2) \tag{3-25}$$

其中 ϑ_i（$i=1$，2）为调节参数，可以认为是政府对市场价格的管制或市场经营主体的自我学习及适应能力。当市场的参与者意识到混沌状态会给其带来损失时，便会自觉地采取行动，基于市场的实际情况，做出相应调整。

图 3-20 反映了自适应控制法对混沌系统的控制效果。当 $\vartheta=0$ 时，系统退化为初始系统；$\vartheta=0.1$ 时，系统被控制在四倍周期状态；当 $\vartheta=0.2$ 时，系统从四倍周期状态演变为二倍周期状态；当 $\vartheta=0.304$ 时，系统完全被控制在稳定状态。图 3-21 反映了被控制系统的平均效用的变化。可以发现较小的 ϑ 值可将混沌系统控制在均衡状态，对原系统的复原性较强。表 3-2 反映了参数 ϑ 取不同值时，决策主体的效用值。

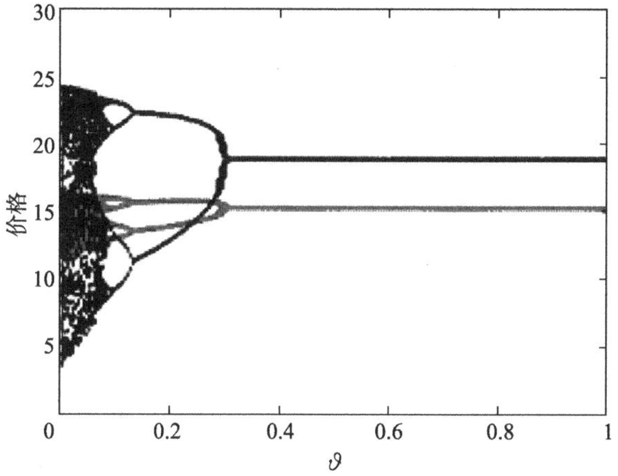

图 3-20　自适应控制法对混沌系统的控制效果

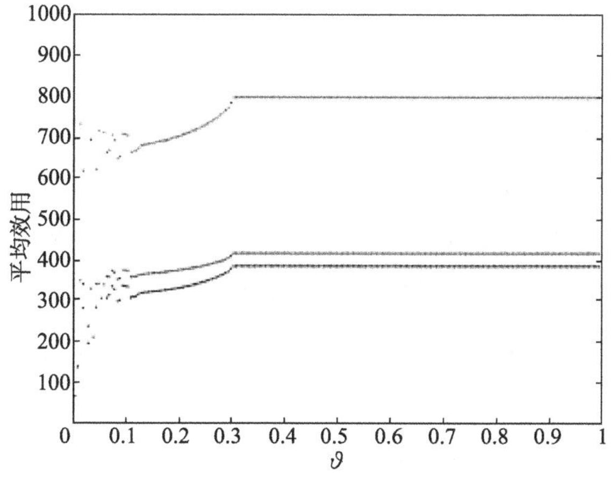

图 3-21　自适应控制方法下混沌系统的平均效用控制

表 3-2 两种混沌控制方法比较

效用	直接反馈控制法			自适应控制法		
	参数值					
	$\vartheta=0$	$\vartheta=0.4$	$\vartheta=0.8$	$\vartheta=0$	$\vartheta=0.2$	$\vartheta=0.7$
U_r	272.6	166.7	255.4	280.8	331.6	383.2
U_m	335.5	338.1	377.7	356.1	374.5	414.6
$\sum U_i\ (i=r,\ m)$	608.1	504.8	633.1	636.9	706.1	797.8

通过比较两种控制方法，可以发现自适应控制方法，对市场的混沌状态的控制效果是最佳的，且 ϑ 处于较小值时，就能对混沌系统进行有效的控制。但是，由于直接反馈控制法对市场信息的掌握量没有要求，因此实施起来比较容易。

3.5 本章小结及启示

3.5.1 本章小结

本章基于家电制造商创新投入和零售商服务投入，构建了双渠道价格博弈模型。首先，基于市场调研构建了创新和服务投入的线性需求函数，基于决策者的利他偏好行为，构建了制造商和零售商的效用函数。在基础博弈模型中，推理出决策者的最优反应函数，并分析了创新投入量对最优定价的影响。其次，基于有限理性预期原则，构建了制造商和零售商的动态价格博弈模型，并分析了动态博弈系统的均衡点及均衡点的稳定性。运用混沌理论，通过数值仿真分析了创新投入量、服务值和利他偏好行为对系统稳定域的影响；借助分岔图和李雅普诺夫指数探究价格调整参数对价格演化的影响，并探讨系统处于混沌状态时所表现出的复杂混沌特征；重点分析了创新投入量和服务对动态价格博弈和系统效用的影响。最后，针对混沌市场，提出了两种混沌控制方法。研究表明：

（1）家电制造商和零售商进行价格博弈时，市场的最优定价（纳什均衡点）受制造商的创新投入量和零售商的服务值影响，创新投入量和服务值越大，市场的最优定价就越高。

（2）动态博弈系统的稳定域受制造商创新投入量、零售商服务值和利他偏好系数的影响，表现为创新投入量和服务值越大，系统稳定域越小。其中，决策者的利他偏好系数只影响其自身的价格调整范围。

（3）在动态博弈过程中，过大的价格调整速度易使动态系统陷入混沌状态，且创新投入量和服务值越大，动态系统越会提前进入混沌状态，并发生溢出现象。当制造商的创新投入量和零售商的服务值处在最佳值时，可实现供应链效用最大化。

（4）在混沌状态控制方面，参数自适应控制法对混沌市场的还原效果更好。

3.5.2 现实启示

随着经济和社会的发展进步，消费者对智能化产品和高质量服务的需求越来越旺盛。在这种市场环境下，企业应该转变竞争思路，避免毫无底线的价格战，从客户需求角度提升产品和服务竞争力。对制造商而言，加大创新投入能够吸引更多的消费者；而零售商的服务投入也可以满足消费者对高质量服务的需求，进而提高销售量。值得注意的是，制造商和零售商的创新投入和服务投入对动态市场价格产生重要影响。过大的创新投入量会导致制造商产品零售价格升高，且企业把大量的资金投入创新活动中去，致使企业没有多余的资金抵御潜在的风险。除此之外，过量的创新投入可能会使企业在短时间内难以收回成本，导致产品价格提高而影响市场需求量，进而给企业带来难以预料的损失。同样，零售商不合理的服务投入不仅影响其自身利润，同时对制造商的利润产生影响。因此，对制造商和零售商而言，在制定市场竞争策略时，基于创新投入和服务投入对价格博弈的影响，合理确定每期的价格调整策略，才能保证制造商和零售商在动态变化的市场中获得最优的效用，进而实现供应链管理的最优化，形成和维护良好的市场竞争环境。

第 4 章

基于技术创新和两种渠道服务的企业动态价格博弈研究

本章针对由制造商和零售商构成的双渠道供应链，基于制造商和零售商同时进行渠道服务投入来研究家电企业的价格博弈问题。制造商不仅要对产品进行技术创新投入，同时还要进行直销渠道服务投入，而零售商只需考虑传统渠道的服务投入。在静态模型中，本章通过推理计算，求得制造商和零售商的最优反应函数，并探究了风险态度对系统最优定价的影响。在制造商最优创新投入条件下，基于系统动力学理论构建动态价格博弈模型。在此基础上，首先分析动态系统达到市场均衡时，均衡点的稳定性情况。其次，通过数值仿真，研究决策者的风险态度对动态博弈稳定域的影响；借助分岔图和 Lyapunov 指数图探究价格调整参数和服务值对系统行为的影响，并探究混沌状态对系统效用的影响。最后，对混沌系统进行有效控制，为企业管理者提供参考。

4.1 问题描述和模型假设

4.1.1 问题描述

在双渠道供应链系统中，制造商从事两种商业活动，一是产品的生产，二是产品的销售。在生产方面，为满足消费者对产品智能化和个性化的需求，制造商对其所生产的产品进行创新投入，创新投入量为I_m；在销售方面，制造商通过直销渠道将产品以零售价格 p_1 销售给消费者。除此之外，制造商将产品以批发价格 w 批发给零售商；零售商通过传统渠道将产品以价格 p_2 销售给消费者。制造商和零售商在销售产品过程中都进行渠道服务投入，为顾客提供的服务值分别为 v_1、v_2。制造商和零售商通过价格在同一市场上展开竞争。双渠道供应链系统如图 4-1 所示。

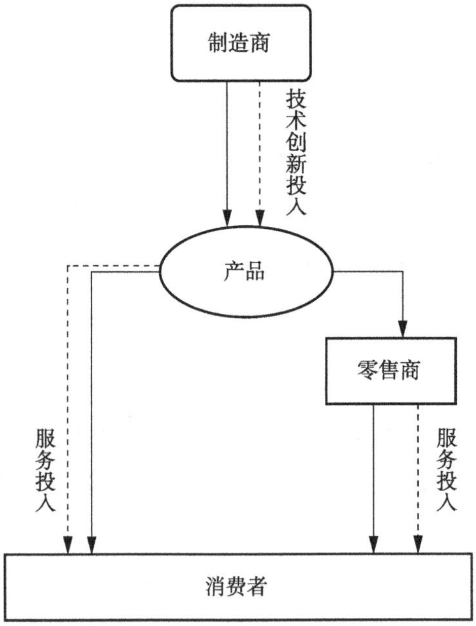

图 4-1　双渠道供应链系统

4.1.2　模型假设及变量参数

基于现实情况，进行如下假设：

（1）在双渠道供应链中，制造商和零售商面对变化的市场需求，表现出风险规避行为，以效用最大化为决策目标。

（2）在一个博弈周期内，由于市场条件的约束，决策者很难掌握市场的全部信息。因此，假设制造商和零售商都是有限理性决策者。

（3）为准确反映创新投入量和服务值对价格博弈及供应链收益的影

响，使研究不失一般性，本书假设制造商和零售商的单位分销成本为零，仅考虑创新投入成本和渠道服务成本。

研究过程中所选变量及参数如表 4-1 所示，且表 4-1 中的参数都大于零。

表 4-1 变量及参数说明

变量及参数	解释说明
a	潜在市场需求量
$\bar{a}$	市场需求量的均值
θ	消费者渠道偏好率（$0<\theta<1$）
w	产品的批发价格
c	单位产品制造成本
p_i	产品零售价格（$i=1$，2）
b_i	价格弹性系数（$i=1$，2）
β_i	交叉价格弹性系数（$0<\beta_i\leqslant 0$，$i=1$，2）
I_m	创新投入量
v_i	服务值（或水平）（$i=1$，2）
η_i	服务成本系数（$i=1$，2）
c_r	零售商服务投入成本
σ_i	市场需求方差（$i=1$，2）
Q	创新投入引起的需求量
ε	创新投入系数
c_m	制造商服务投入成本
R_i	决策者的风险态度（$0<R_i$，$i=1$，2）

4.2 模型构建及分析

4.2.1 静态基础模型的构建及分析

市场需求不仅受市场价格的影响，同时制造商的技术创新投入也可在一定程度上扩大其销售。由于消费者偏好，制造商的创新投入对零售商的市场销量产生影响，而制造商对其直销渠道的服务投入也会引起市场需求产生波动。除此之外，零售商对传统渠道的服务投入不仅对其销量产生影响，同时对制造商的市场销售产生抑制作用。基于以上因素，根据相关研究，直销渠道和传统渠道的需求函数如下所示。

直销渠道：

$$D_m=\theta a-b_1(p_1-v_1)+\beta_1(p_2-v_2)+\theta\frac{1}{\sqrt{\varepsilon}}\sqrt{I_m} \tag{4-1}$$

传统渠道：

$$D_r=(1-\theta)a-b_2(p_2-v_2)+\beta_2(p_1-v_1)+(1-\theta)\frac{1}{\sqrt{\varepsilon}}\sqrt{I_m} \tag{4-2}$$

其中 $b_i>\beta_i(i=1,\ 2)$，每个渠道中产品价格对需求的影响大于竞争渠道中价格对需求的影响。I_m 满足$I_m=\varepsilon Q^2$，Q 为创新投入引起的市场需求量。从 $Q=\lambda\sqrt{I_m}\left(\lambda=\frac{1}{\sqrt{\varepsilon}}\right)$ 可知，随着创新投入的增加，其对需求的影响成边际递减，与市场实际情况相符合。服务值和成本之间的关系满足 $c_i=\eta_i\frac{v_i^2}{2}$，$(i=1,\ 2)$，$\eta_i$ 为单位服务成本，由此可知提高服务值，服务成本也相应提高，两者呈正相关关系。

基于市场实际情况，可得到以下约束条件：

$$\begin{cases}(i)\,0<c+c_m<p_1\\(ii)\,w+c_r<p_2\\(iii)\,D_m>0\text{ 且 }D_r>0\end{cases} \tag{4-3}$$

解式（4-3）可得：

$$\begin{cases} 0<c<w<p_1<\dfrac{\theta ab_2+(1-\theta)a\beta_1+(1-\theta)\dfrac{\beta_1}{\sqrt{\varepsilon}}\sqrt{I_m}+\theta\dfrac{b_2}{\sqrt{\varepsilon}}\sqrt{I_m}}{b_1b_2(1-\beta_1\beta_2)} \\ 0<w+c_r<p_2<\dfrac{(1-\theta)ab_1+\theta a\beta_2+\theta\dfrac{\beta_2}{\sqrt{\varepsilon}}\sqrt{I_m}+(1-\theta)\dfrac{b_1}{\sqrt{\varepsilon}}\sqrt{I_m}}{b_1b_2(1-\beta_1\beta_2)}+v_2 \end{cases} \tag{4-4}$$

制造商和零售商的利润函数可表示为：

$$\begin{cases} \pi_m=(w-c)\left[(1-\theta)a-b_2(p_2-v_2)+\beta_2(p_1-v_1)+(1-\theta)\dfrac{1}{\sqrt{\varepsilon}}\sqrt{I_m}\right] \\ +(p_1-c-c_m)\left[\theta a-b_1(p_1-v_1)+\beta_1(p_2-v_2)+\theta\dfrac{1}{\sqrt{\varepsilon}}\sqrt{I_m}\right]-I_m \\ \pi_r=(p_2-w-c_r)\left[(1-\theta)a-b_2(p_2-v_2)+\beta_2(p_1-v_1)+(1-\theta)\dfrac{1}{\sqrt{\varepsilon}}\sqrt{I_m}\right] \end{cases}$$

（4-5）

面对不确定的市场需求，制造商和零售商表现出不同的风险规避态度，进而对管理者的决策产生影响。在决策和风险理论方面，效用函数 $U(\pi_i)=-e^{-\pi_i/R_i}$（$i=r$，m）通常被用来表示具有风险规避态度的经营主体的效用。故基于风险规避行为的制造商和零售商效用函数可以表示为：

$$\begin{cases} E_m(U_m)=E(\pi_m)-\left[\dfrac{Var(\pi_m)}{2R_1}\right] \\ E_r(U_r)=E(\pi_r)-\left[\dfrac{Var(\pi_r)}{2R_2}\right] \end{cases} \tag{4-6}$$

命题 1：制造商和零售商以效用最大化为决策目标，由此可得制造商和零售商的最优反应函数：

$$\begin{cases} p_1^*=\dfrac{R_1(X_1\sigma_2^2+X_2\beta_1R_2+2X_1R_2b_2)}{\sigma_1^2\sigma_2^2+2R_2b_2\sigma_1^2+2R_1b_1\sigma_2^2-\beta_1\beta_2R_1R_2+4R_1R_2b_1b_2} \\ p_2^*=\dfrac{R_2(X_2\sigma_1^2+X_1\beta_2R_1+2X_2R_1b_1)}{\sigma_1^2\sigma_2^2+2R_2b_2\sigma_1^2+2R_1b_1\sigma_2^2-\beta_1\beta_2R_1R_2+4R_1R_2b_1b_2} \end{cases} \tag{4-7}$$

证明：把式（4-5）代入函数（4-6）中，制造商和零售商的效用函数模型可表示为：

$$\begin{cases} E_m(U_m)=(w-c)\left[(1-\theta)\bar{a}-b_2(p_2-v_2)+\beta_2(p_1-v_1)+(1-\theta)\frac{1}{\sqrt{\varepsilon}}\sqrt{I_m}\right] \\ \qquad +(p_1-c-c_m)\left[\theta\bar{a}-b_1(p_1-v_1)+\beta_1(p_2-v_2)+\theta\frac{1}{\sqrt{\varepsilon}}\sqrt{I_m}\right]-I_m \\ \qquad -\frac{(p_1-c-c_m)^2\sigma_1^2}{2R_1}-\frac{(w-c)^2\sigma_2^2}{2R_2} \\ E_r(U_r)=(p_2-w-c_r)\left[(1-\theta)\ \bar{a}+\beta_2(p_1-v_1)+(1-\theta)\frac{1}{\sqrt{\varepsilon}}\sqrt{I_m}\right] \\ \qquad -b_2(p_2-v_2)(p_2-w-c_r)-\frac{(p_2-w-c_r)^2\sigma_2^2}{2R_2} \end{cases} \tag{4-8}$$

分别对 $E_m(U_m)$，$E_r(U_r)$求关于 p_1、p_2 一阶导数可得：

$$\begin{cases} \frac{\partial E_m(U_m)}{\partial p_1}=\left(-\frac{\sigma_1^2}{R_m}-2b_1\right)p_1+\beta_1 p_2+\overline{\theta a}+b_1v_1-\beta_1v_2+\frac{\theta\sqrt{\varepsilon I_m}}{\varepsilon}+b_1(c-c_m) \\ \qquad +\beta_2(w-c)+\frac{\sigma_1^2(c+c_m)}{R_1} \\ \frac{\partial E_r(U_r)}{\partial p_2}=\left(-\frac{\sigma_2^2}{R_r}-2b_2\right)p_2+\beta_2p_1+(1-\theta)\bar{a}+2b_2v_2-\beta_2v_1+\frac{(1-\theta)\sqrt{\varepsilon I_m}}{\varepsilon} \\ \qquad +\frac{\sigma_2^2(w+c_r)}{R_2} \end{cases} \tag{4-9}$$

当决策者的边际效用为零时，决策者能够获得最大效用。令$\frac{\partial E_m(U_m)}{\partial p_1}=0$，$\frac{\partial E_r(U_r)}{\partial p_2}=0$，可得制造商的最优价格决策为：

$$\begin{cases} p_1^* = \dfrac{R_1(X_1\sigma_2^2+X_2\beta_1R_2+2X_1R_2b_2)}{\sigma_1^2\sigma_2^2+2R_2b_2\sigma_1^2+2R_1b_1\sigma_2^2-\beta_1\beta_2R_1R_2+4R_1R_2b_1b_2} \\ p_2^* = \dfrac{R_2(X_2\sigma_1^2+X_1\beta_2R_1+2X_2R_1b_1)}{\sigma_1^2\sigma_2^2+2R_2b_2\sigma_1^2+2R_1b_1\sigma_2^2-\beta_1\beta_2R_1R_2+4R_1R_2b_1b_2} \end{cases} \tag{4-10}$$

其中：

$$X_1=\bar{a}\theta-\beta_2(c-w)-\beta_1v_2+b_1v_1+b_1\left(\frac{\eta_1v_1^2}{2}+c\right)+\frac{\sigma_1^2(\eta_1v_1^2+2c)}{2R_1}+\frac{\theta\sqrt{\varepsilon I_m}}{\varepsilon},$$

$$X_2=\frac{\sigma_2^2(\eta_2v_2^2+2w)}{2R_2}+b_2\left(\frac{\eta_2v_2^2}{2}+w\right)-\beta_2v_1+b_2v_2-\bar{a}(\theta-1)-(\theta-1)\frac{\sqrt{\varepsilon I_m}}{\varepsilon}.$$

命题 2：制造商的最优定价随其风险意愿的增强而增大，随竞争者风险意愿的增强而减小。

证明：求 p_1^* 关于 R_1 的一阶导数可得：

$$\frac{\partial p_1^*}{\partial R_1}=\frac{Y_0}{Y_1+R_1Y_2}-\frac{R_1Y_0Y_2}{(Y_1+R_1Y_2)^2}=\frac{Y_0Y_1}{(Y_1+R_1Y_2)^2}>0$$

其中：

$$K_1=\bar{a}\theta-\beta_2(c-w)-\beta_1v_2+b_1v_1+b_1\left(\frac{\eta_1v_1^2}{2}+c\right)+\frac{\theta\sqrt{\varepsilon I}}{\varepsilon},$$

$$K_2=b_2\left(\frac{\eta_2v_2^2}{2}+w\right)-\beta_2v_1+b_2v_2-\bar{a}(\theta-1)-(\theta-1)\frac{\sqrt{\varepsilon I}}{\varepsilon},$$

$Y_0=2\sigma_2^4w+\sigma_2^4\eta_2v_2^2+2\beta_1R_2^2K_2+2R_2\sigma_2^2K_1+4R_2^2b_2K_1+2\beta_1R_2\sigma_2^2w+4R_2\sigma_2^2b_2w+\beta_1R_2\sigma_2^2\eta_2v_2^2+2R_2\sigma_2^2b_2\eta_2v_2^2$,

$Y_1=2R_2(\sigma_1^2\sigma_2^2+2R_2b_2\sigma_1^2)$,

$Y_2=2R_2(2b_1\sigma_2^2-\beta_1\beta_2R_2+4R_2b_1b_2)$.

求 p_1^* 关于 R_2 的一阶导数可得：

$$\frac{\partial p_1^*}{\partial R_2}=\frac{(M_{11}+2G_2M_{12})}{2M_{22}R_2^2+2M_{21}R_2}-\frac{(2M_{21}+4R_2M_{22})(M_{12}R_2^2+M_{11}R_2+M_{10})}{(2M_{22}R_2^2+2M_{21}R_2)^2}$$

$$=\frac{2(M_{12}M_{21}-M_{22}M_{11})R_2^2-M_{10}(2M_{21}+4R_2M_{22})}{(2M_{22}R_2^2+2M_{21}R_2)^2}<0$$

其中：

$M_{10}=R_1(2\sigma_2^4 w+\sigma_2^4\eta_2 v_2^2)$，

$M_{11}=2R_1\sigma_2^2K_1+2\beta_1R_1\sigma_2^2w+4R_1\sigma_2^2b_2w+\beta_1R_1\sigma_2^2\eta_2v_2^2+2R_1\sigma_2^2b_2\eta_2v_2^2$，

$M_{12}=4R_1K_1b_2+2\beta_1R_1K_2$，

$M_{21}=2R_2(\sigma_1^2\sigma_2^2+2R_1b_1\sigma_2^2)$，

$M_{22}=2R_2^2(2b_2\sigma_1^2-\beta_1\beta_2R_1+4R_1b_1b_2)$.

由以上推导过程及各参数的限制条件可知，p_1^* 是关于 R_1 的增函数，是关于 R_2 的减函数。故可证命题 2。

4.2.2 动态博弈模型构建

对 $E_m(U_m)$ 求关于 $\sqrt{I_m}$ 的一阶导数可得：

$$\frac{\partial E_m(U_m)}{\partial\sqrt{I_m}}=\frac{(w-c)(1-\theta)}{\sqrt{\varepsilon}}+\frac{(p_1-c-c_m)\ \theta}{\sqrt{\varepsilon}}-2\sqrt{I_m} \tag{4-11}$$

当 $\sqrt{I_m}<\frac{(p_1-c_m-w)\theta+w-c}{2\sqrt{\varepsilon}}$，可推出 $\frac{\partial E_m(U_m)}{\partial\sqrt{I_m}}>0$；当 $\sqrt{I_m}>\frac{(p_1-c_m-w)\theta+w-c}{2\sqrt{\varepsilon}}$，可以推出 $\frac{\partial E_m(U_m)}{\partial\sqrt{I_m}}<0$。由此可知存在最优 $\sqrt{I_m}^*$，使制造商获得最大的预期效用。令 $\frac{\partial E_m(U_m)}{\partial\sqrt{I_m}}=0$，可得制造商在效用最大化时的最优创新投入量为：

$$I_m^*=\frac{[(p_1-c_m-w)\theta+w-c]^2}{4\varepsilon} \tag{4-12}$$

从式（4-12）可以清晰看出，创新成本系数越大，最优创新投入量越小。表明较高的创新成本系数对制造商的创新投入热情具有抑制作用。

将式（4-12）代入函数（4-8）可得最优创新投入条件下制造商和零售商的预期效用函数：

$$\begin{cases}E_m=(p_1-c-c_m)\left[\theta\bar{a}-b_1(p_1-v_1)+\beta_1(p_2-v_2)+\theta\dfrac{(p_1-c_m-w)\theta+w-c}{2\varepsilon}\right]\\ \quad+(w-c)\left[(1-\theta)\bar{a}-b_2(p_2-v_2)+\beta_2(p_1-v_1)+(1-\theta)\dfrac{(p_1-c_m-w)\theta+w-c}{2\varepsilon}\right]\\ \quad-\dfrac{[(p_1-c_m-w)\theta+w-c]^2}{4\varepsilon}-\dfrac{(p_1-c-c_m)^2\sigma_1^2}{2R_1}-\dfrac{(w-c)^2\sigma_2^2}{2R_2}\\ E_r=(p_2-w-c_r)[(1-\theta)\bar{a}-b_2(p_2-v_2)+\beta_2(p_1-v_1)]-\dfrac{(p_2-w-c_r)^2\sigma_2^2}{2R_2}\\ \quad+(p_2-w-c_r)\left[(1-\theta)\dfrac{(p_1-c_m-w)\theta+w-c}{2\varepsilon}\right]\end{cases}$$

(4-13)

针对函数（4-13），分别对 $E_m(p_1,\ p_2)$ 和 $E_r(p_1,\ p_2)$ 求关于 p_1、p_2 一阶偏导，可得制造商和零售商的边际利润为：

$$\begin{cases}\dfrac{\partial E_m(p_1p_2)}{\partial p_1}=\theta\bar{a}-2b_1p_1+b_1v_1+\beta_1(p_2-v_2)+\dfrac{\theta^2p_1}{\varepsilon}+\theta\dfrac{(-c_m-w)\theta+w-c}{2\varepsilon}\\ \quad+b_1(c+c_m)-(c+c_m)\dfrac{\theta^2}{2\varepsilon}+\beta_2(w-c)+(w-c)\dfrac{\theta(1-\theta)}{2\varepsilon}\\ \quad-\dfrac{-\theta c+\theta w-\theta^2c_m+\theta^2p_1-\theta^2w}{2\varepsilon}-\dfrac{p_1\sigma_1^2-\sigma_1^2(c+c_m)}{R_1}\\ \dfrac{\partial E_r(p_1,\ p_2)}{\partial p_2}=(1-\theta)\bar{a}-2b_2p_2+b_2v_2+\beta_2(p_1-v_1)+(1-\theta)\dfrac{(p_1-c_m-w)\theta+w-c}{2\varepsilon}\\ \quad+b_2(w+c_r)-\dfrac{p_2\sigma_2^2-(w+c)\sigma_2^2}{R_2}\end{cases}$$

(4-14)

并不是通过博弈方一次博弈就能实现市场均衡，而是只有经过数次动态调整才能达到市场均衡点，博弈是一个长期且不断往复的动态过程。根据有限理性原则，参与者可以基于前期的边际利润，通过参数调节达到动态均衡。当参与者意识到其 t 期时边际利润是积极的，在 $t+1$ 期就会提高价格来获得更多的市场效用；当参与者意识到其 t 期时边际利润是消极的，在 $t+1$ 期就会降低价格以使其效用最大化。制造商和零售商的动态决策过程可表示如下：

$$p_i(t+1)=p_i(t)+\delta_i p_i(t)\frac{\partial E_{m/r}(p_1,\ p_2)'}{\partial p_i(t)},\quad i=1,\ 2. \tag{4-15}$$

其中 δ_i （$i=1$，2）为价格调整参数，决策者要从市场获取更多利润，可通过提高价格调整速度来实现。将式（4-14）代入式（4-15）可得制造商和零售商的离散动力系统：

$$\begin{cases}p_1(t+1)=p_1(t)+\delta_1 p_1(t)\left[G_1+YY_1 p_1(t)+\beta_1 p_2(t)\right]\\ p_2(t+1)=p_2(t)+\delta_2 p_2(t)\left[G_2+YY_2 p_2(t)+YY_3 p_1(t)\right]\end{cases} \tag{4-16}$$

其中：

$$G_1=\theta\bar{a}+b_1v_1-\beta_1v_2+\theta\frac{(-c_m-w)\theta+w-c}{2\varepsilon}+b_1(c+c_m)-(c+c_m)\frac{\theta^2}{2\varepsilon}+\beta_2(w-c)+$$

$$(w-c)\frac{\theta(1-\theta)}{2\varepsilon}-\frac{-\theta c+\theta w-\theta^2c_m-\theta^2w}{2\varepsilon}+\frac{\sigma_1^2(c+c_m)}{R_1},$$

$$G_2=(1-\theta)\bar{a}+b_2v_2-v_1\beta_2+(1-\theta)\frac{(-c_m-w)\theta+w-c}{2\varepsilon}+b_2(w+c_r)+\frac{(w+c)\sigma_2^2}{R_2},$$

$$YY_1=-2b_1+\frac{\theta^2}{2\varepsilon}-\frac{\sigma_1^2}{R_1},$$

$$YY_2=-2b_2-\frac{\sigma_2^2}{R_2},$$

$$YY_3=\beta_2+(1-\theta)\frac{\theta}{2\varepsilon}.$$

4.2.3 动态博弈模型的均衡点

在市场达到动态均衡时，市场中的博弈方才能获得持续而稳定的效用。根据均衡点定义，在离散动力系统（4-16）中，令 $p_i(t+1)=p_i(t)$，可得方程组（4-17）：

$$\begin{cases}\delta_1 p_1(t)\dfrac{\partial E_m(U_{\pi_m})}{\partial p_1(t)}=0\\ \delta_2 p_2(t)\dfrac{\partial E_r(U_{\pi_r})}{\partial p_2(t)}=0\end{cases} \tag{4-17}$$

解方程组（4-17），求得此时离散动力系统（4-16）的均衡点ρ_j=（p_1，p_2），（j=1，2，3，4）。

系统平衡点表示如下：$\rho_1=(0,\ 0)$，$\rho_2=\left(0,\ -\dfrac{G_2}{Y_2}\right)$，$\rho_3=\left(-\dfrac{G_1}{Y_1},\ 0\right)$，$\rho_4=(S_1^*,\ S_2^*)$，其中，$S_1^*=\dfrac{\beta_1 G_2-G_1 Y_2}{Y_1 Y_2-\beta_1 Y_3}$，$S_2^*=-\dfrac{Y_1 G_2-G_1 Y_3}{Y_1 Y_2-\beta_1 Y_3}$。

4.2.4 均衡点的局部稳定性分析

在4.2.3节求得的四个均衡点中，前三个均衡点都存在零值，只有均衡点ρ_4全为非零值。实际经营中，决策者不可能把产品价格调整为零，这与现实不符。因此，可以断定ρ_1、ρ_2、ρ_3不稳定，ρ_4为系统的纳什均衡点。

计算出系统（4-15）的雅克比矩阵，是分析均衡点稳定性的前提：

$$\boldsymbol{J}(\boldsymbol{p}_1,\ \boldsymbol{p}_2)=\begin{pmatrix}1+\delta_1(G_1+2Y_1p_1+\beta_1p_2) & \beta_1\ \delta_1p_1\\ Y_3\ \delta_2p_2 & 1+\delta_2(G_2+2Y_2p_2+Y_3p_1)\end{pmatrix} \tag{4-18}$$

命题3：均衡点ρ_1为不稳定均衡点。

证明：将均衡点$\rho_1=(0,\ 0)$代入矩阵得：

$$\boldsymbol{J}(0,\ 0)=\begin{pmatrix}1+\delta_1G_1 & 0\\ 0 & 1+\delta_2G_2\end{pmatrix} \tag{4-19}$$

通过计算矩阵（4-18）可得，系统的雅克比矩阵在点ρ_1处的两个特征值为$\lambda_1=1+\delta_1G_1$，$\lambda_2=1+\delta_2G_2$。由本章对参数的限制条件可以推算$G_1>0$，$G_2>0$。故可以确定$\lambda_1=1+\delta_1G_1>1$，$\lambda_2=1+\delta_2G_2>1$。根据均衡点的判定

条件，两个特征值皆大于 1，证明 ρ_1 为离散动力系统的不稳定点。

p_1、p_2 都为零，反映制造商和零售商已放弃各自负责的零售渠道，被迫出局，或者亏本经营。

命题 4：ρ_2、ρ_3 为不稳定鞍点。

证明：分别将均衡点 $\rho_2=\left(0,\ -\frac{G_2}{Y_2}\right)$，$\rho_3=\left(-\frac{G_1}{Y_1},\ 0\right)$ 代入雅克比矩阵可得：

$$\boldsymbol{J}(\boldsymbol{\rho}_2)=\begin{pmatrix} 1+\delta_1\left(G_1-\beta_1\frac{G_2}{Y_2}\right) & 0 \\ -Y_3\delta_2\frac{G_2}{Y_2} & 1-\delta_2G_2 \end{pmatrix}\quad J(\rho_3)=\begin{pmatrix} 1-\delta_1G_1 & -\beta_1\delta_1\frac{G_1}{Y_1} \\ 0 & 1+\delta_2\left(G_2-Y_3\frac{G_1}{Y_1}\right) \end{pmatrix}$$

计算求得矩阵 $\boldsymbol{J}(\boldsymbol{\rho}_2)$，$\boldsymbol{J}(\boldsymbol{\rho}_3)$ 的特征值分别为：

$$\begin{cases} \lambda_1'=1-\delta_2G_2 \\ \lambda_2'=1+\delta_1G_1-\frac{\beta_1G_2\delta_1}{Y_2} \end{cases}\quad \begin{cases} \lambda''_1=1-\delta_1G_1 \\ \lambda''_2=1+\delta_2G_2-\frac{b_2G_1Y_3}{Y_1} \end{cases}$$

根据本章参数的限制条件可以推算 $\lambda_1^2<1$，$\lambda_2^2>1$，$\lambda_1^3<1$，$\lambda_2^3>1$，两个矩阵的特征值皆有一个大于 1，一个小于 1。依据均衡点的判定条件，可以确定均衡点 ρ_2、ρ_3 是不稳定鞍点。在 ρ_2、ρ_3 处，制造商和零售商一个退出市场竞争，一个继续经营，但在市场存在巨大需求的情况下，这种情况显然不合实际。因此，可以判定动态系统（4-16）在 ρ_2、ρ_3 处不稳定。

命题 5：价格调整速度影响均衡点 ρ_4 的稳定性。

动力系统在点 $\rho_4=\left(\frac{\beta_1G_2-G_1Y_2}{Y_1Y_2-\beta_1Y_3},\ -\frac{Y_1G_2-G_1Y_3}{Y_1Y_2-\beta_1Y_3}\right)$ 处的雅克比矩阵可表示为：

$$\boldsymbol{J}(\boldsymbol{S}_1^*,\ \boldsymbol{S}_2^*)=\begin{pmatrix} 1+\delta_1(G_1+2Y_1S_1^*+\beta_1S_2^*) & \beta_1\delta_1S_1^* \\ Y_3\delta_2S_2^* & 1+\delta_2(G_2+2Y_2S_2^*+Y_3S_1^*) \end{pmatrix} \tag{4-20}$$

矩阵 $\boldsymbol{J}(\boldsymbol{S}_1^*, \boldsymbol{S}_2^*)$ 对应的特征方程为：

$$f(\lambda)=\lambda^2+A_0\lambda+B_0$$

其中，$A_0=-\delta_1(G_1+2S_1^*Y_1+\beta_1S_2^*)-\delta_2(G_2+S_1^*Y_3+2S_2^*Y_2)-2$，

$B_0=[\delta_1(G_1+2S_1^*Y_1+\beta_1S_2^*)+1][\delta_2(G_2+S_1^*Y_3+2S_2^*Y_2)+1]-\beta_1S_1^*S_2^*Y_3\delta_1\delta_2$.

根据 Jury 稳定性判据条件，可得均衡点局部稳定的充分必要条件为：

$$\begin{cases}(i)=1-A_0+B_0>0\\(ii)=1+A_0+B_0>0\\(iii)=1-B_0>0\end{cases}\tag{4-21}$$

显然，当 ρ_4 满足以上三个条件时，系统才是稳定的；同时，在该点处制造商和零售商的边际效用为零，双方效用达到最大化。违背其中任意一条系统都会产生复杂动力学行为，三个条件确定了系统均衡点 ρ_4 局部稳定性的范围。若制造商或零售商为了获得效用最大化，过度提高价格调整参数 δ_1 或 δ_2，将使纳什均衡点变得不稳定，破坏市场的正常竞争秩序。

4.3 数值仿真

基于系统的复杂性，本节进行数值模拟，以表明参数对系统稳定性和系统动态演化的影响，并且探讨系统表现出的动态演化特征。根据实际竞争情况，令 $\bar{a}=120$，$\theta=0.4$，$b_1=3$，$b_2=3.5$，$\beta_1=1$，$\beta_2=1$，$\varepsilon=1.2$，$v_1=1.5$，$v_2=2$，$\eta_1=0.6$，$\eta_2=0.5$，$c=6$，$w=10$，$R_1=60$，$R_2=60$，$\sigma_1=4$，$\sigma_2=4$。计算出此时系统的纳什均衡点为 $\rho_4=(15.3102, 18.8588)$。

4.3.1 均衡点的稳定性与价格调整速度的关系

根据 Jury 判断条件式（4-21），图 4-2 反映了纳什均衡点 ρ_4 关于价格调整速度 δ_1、δ_2 的关系。当价格调整速度 δ_1、δ_2 取值于灰色范围内，系统

经过数次演化皆会回归纳什均衡点 ρ_4 处。如果 $\delta_1>0.0212$ 或者 $\delta_2>0.01483$，即调整参数取值白色区域内，系统则会进入混沌状态，制造商或者零售商面临被市场淘汰的风险。在这种条件下，系统不管如何演变都不能回归纳什均衡点 ρ_4 处。

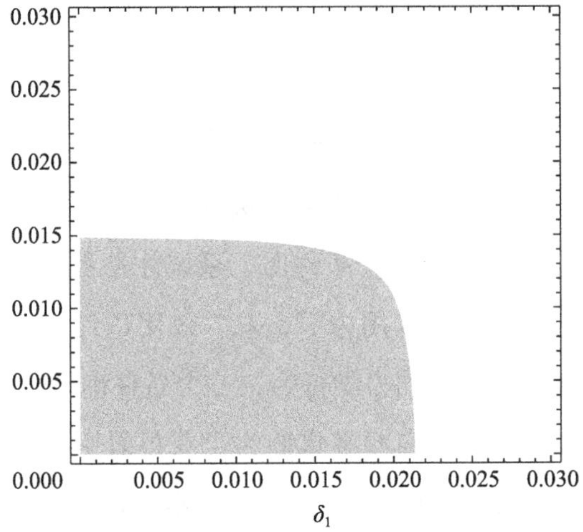

图 4-2　系统在纳什均衡点 ρ_4 的稳定域

4.3.2　风险态度对系统稳定域的影响

由于制造商和零售商的风险态度对系统稳定域的影响具有相似性，下面以制造商的风险规避态度变化来研究风险规避对系统稳定性的影响。令零售商的风险态度参数为 $R_2=60$，分别设置制造商的风险态度参数 R_1 分别为 10，35，60。从图 4-3 可以看出，制造商所持风险态度参数为 10 时，制造商的价格调整参数在 x 轴上的取值范围为 $0<\delta_1<0.01948$；当风险态度参数增加到 35 时，制造商的价格调整参数取值范围有所扩大，在 x 轴上的取值范围为 $0<\delta_1<0.0204$；制造商的风险态度参数继续增大，价格调整参数在 x 轴上的取值范围为 $0<\delta_1<0.02121$。由此可以得出，决策者的风险规避态度参数越大，价格决策空间越大，系统越稳定；表明决策者的风险规避意愿越强，在做价格决策时越谨慎，不会过快调控价格而使动力系统失

去稳定。

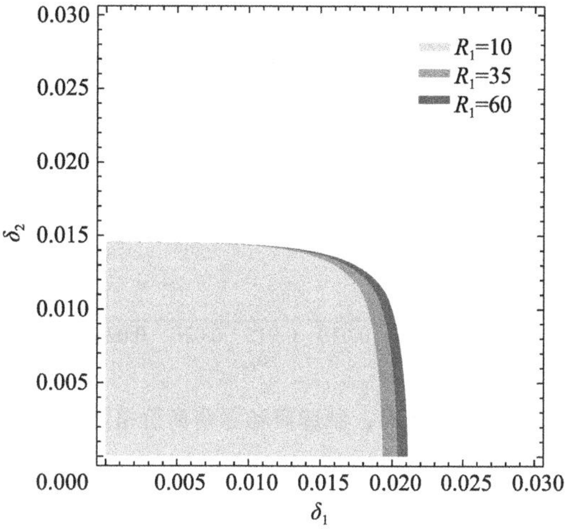

图 4-3 $R_2=60$ 时，风险态度参数 R_1 取不同值系统的稳定域

4.3.3 价格调整速度对动态价格博弈的影响

图 4-4 反映了参数调整变化对系统价格博弈的影响。由于制造商和零售商的价格调整参数对系统的影响具有相似性，因此这里以制造商的价格调整参数为例来探讨系统的演变情况。令 $\delta_2=0.005$，图 4-4 反映了制造商的价格调整参数在区间［0，0.03］上取值时，系统的演变情况。当 δ_1 在区间（0，0.0207）内变化时系统从初始状态经过数次博弈回归纳什均衡点。当 $\delta_1=0.0207$ 时，动态博弈系统出现第一次分岔；$\delta_1=0.0259$ 时，系统发生四倍周期分岔，随后发生八倍周期分岔，并随 δ_1 的增加逐渐陷入混沌状态。图 4-5 反映了相应的李雅普诺夫指数（LLE）的变化情况。当系统进入混沌状态时，该指数大于零。

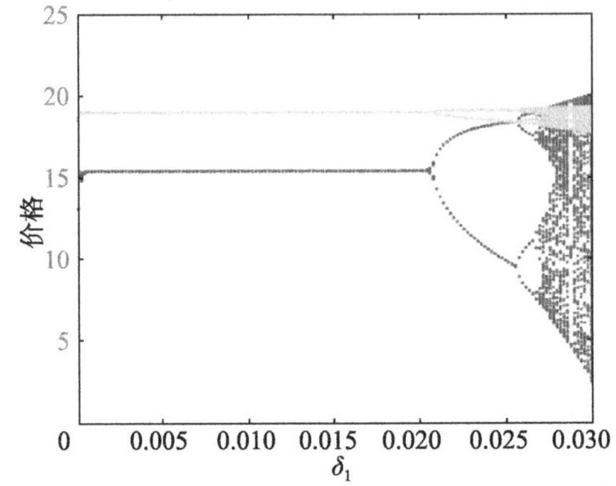

图 4-4　当δ_2=0.005 时，制造商和零售商价格随 δ_1 变化的分岔

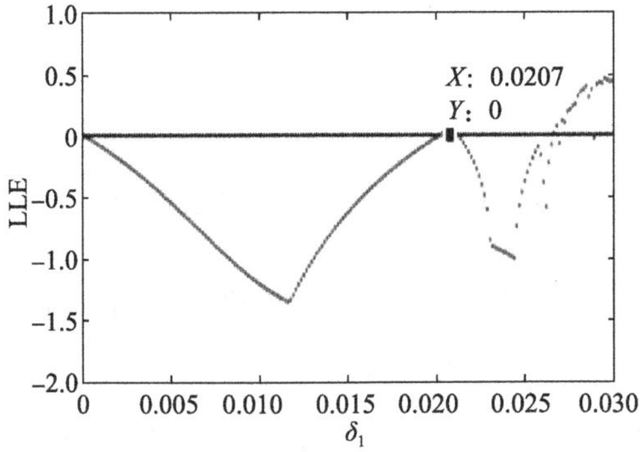

图 4-5　当 δ_2=0.005 时，系统随 δ_1 变化的 LLE 指数

图 4-6 反映了系统进入混沌状态时混沌吸引子的形成过程。从图 4-6（a）中可以看出，在系统进入混沌状态初期，即 $\delta_1=0.027$ 时，系统运行轨道由散乱的点构成；当调整参数增大，系统在混沌状态下的运行轨迹呈现出初步轮廓，当价格调整速度调整至 $\delta_1=0.0285$ 时，系统在混沌状态下的运行轨迹基本形成。在溢出效应发生之前，即 $\delta_1=0.03$，系统的运行表现最复杂的状态。从图 4-6（b）可以发现，系统运行至极限状态时，系统的运行轨迹由无数点构成，且点被吸引在一定区域内；相比于 $\delta_1=0.027$ 时，系统的运行更加混乱。

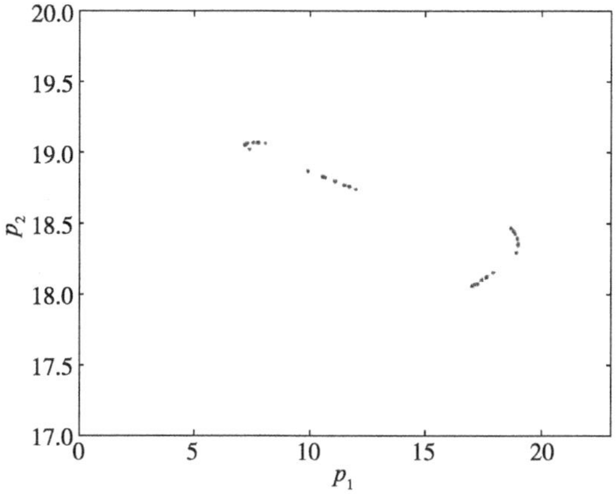

（a）δ_1=0.027

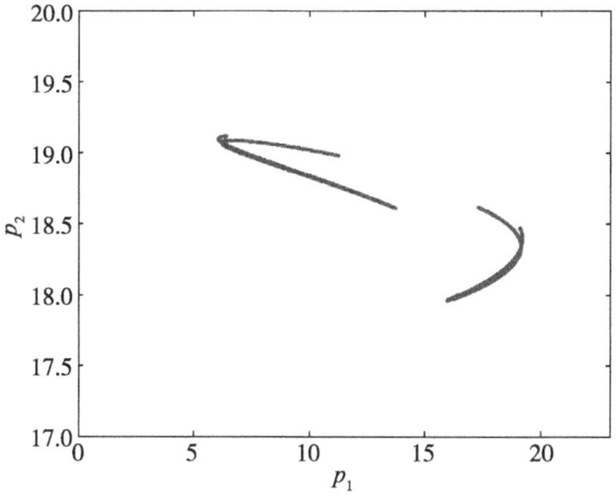

（b）δ_1=0.0285

图 4-6　混沌状态下，吸引子的演变过程

系统的初值敏感性只在系统处于混沌时才会表现。图 4-7 反映了 $\delta_1=0.03$，$\delta_2=0.005$ 时，即系统处于失稳期间时，制造商的初始价格由 $p_1=10$ 调整为 $p_1=10.001$，系统的价格随时间演化的情况。从图 4-8（a）和图 4-8（b）可以发现，$t>20$ 时，即使初始值只相差 0.001，随着初值的差逐渐增大，博弈结果波动越来越剧烈。

由此可知，动态系统在失稳状态所体现的敏感性和蝴蝶效应一样。随着博弈的进行，初始条件的微小变化，混沌系统会发生剧烈波动。对于管理者来说，在制定市场价格策略时，需要谨慎确定产品的初始定价。

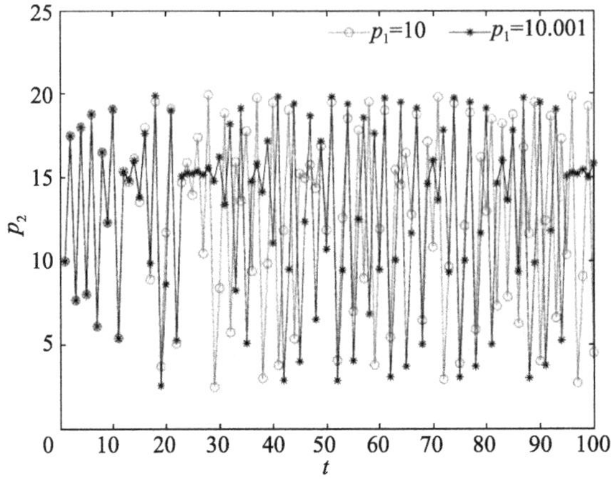

图 4-7　系统中制造商的初值敏感依赖性

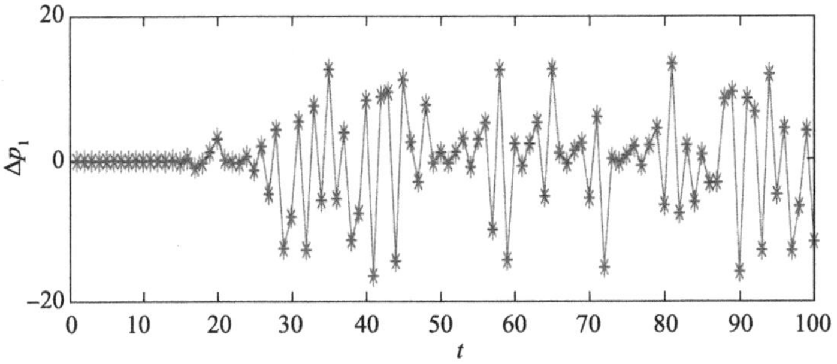

（a）制造商对初值的敏感依赖性

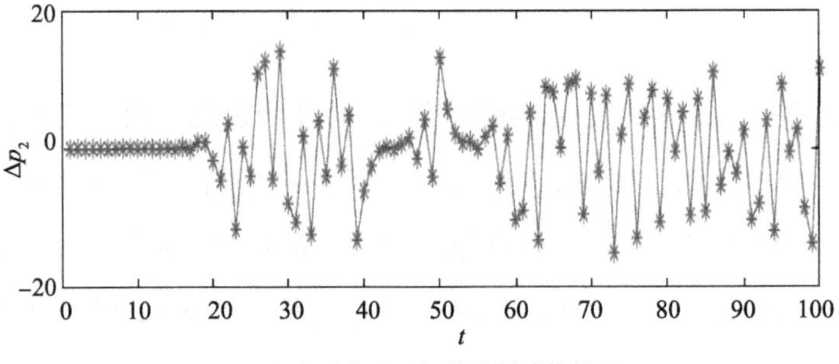

（b）零售商对初值的敏感依赖性

图 4-8　系统对初值的敏感依赖性

当给定决策变量的初值，市场均衡不会随价格调整速度变化而变化。但是价格调整的速度会影响市场的稳定，过快调整价格容易使动态系统摆脱市场均衡而无序波动。因此，决策者在参与市场竞争时，要合理地制定市场价格策略，不应为短时间内实现效用最大化而影响市场的正常竞争秩序。应在了解市场竞争状况和其他竞争者的基础上，制定符合自身情况的市场价格策略。

4.3.4 服务值对系统行为的影响

依据稳定点的限制条件，图 4-9 反映了服务值 v_1、v_2 取不同值时系统稳定域的变化情况。由图 4-9（a）可见 $v_2=2$ 时，v_1 分别取 1，5，9 时，系统的稳定域在 δ_1 方向逐渐缩小，在 δ_2 方向几乎无变化；由图 4-9（b）可见 $v_1=1.5$ 时，v_2 分别取 1、5、9 时，系统纳什均衡点的稳定域在 δ_2 方向依次缩小，在 δ_1 方向几乎不发生变化。

总之，随着系统服务值的增加，系统的稳定域减小。如果市场竞争者为了获得最佳效用，提高服务水平，就会耗费巨大的人力物力，供应链系统抵御风险的能力就会减弱，从而导致系统的稳定性降低，供应链的脆弱性加大；这时，决策者效用的增加是以损失系统的稳定性为代价的。因此，对决策者而言，应从维护整个供应链稳定性角度谨慎做出合理的服务投入值。

图 4-10 和图 4-11 反映了 v_1、v_2 取不同值时，系统随 δ_1 演化的情况。当 $v_2=2$，$v_1=1$ 时，由图 4-10（a）可知此时纳什均衡点为（14.91，18.86），系统（4-15）在（0，0.0212）内保持稳定状态。若 $\delta_1=0.0212$ 时，系统（4-16）开始出现二倍分岔现象。当 v_1 增加到 5，系统（4-16）在（0，0.0152）内是稳定的；此时纳什均衡点为（20.53，19.07），分岔点提前了 0.006。当 $\delta_1>0.0235$，系统（4-16）出现溢出现象。如果制造商对价格调整速度不加控制，就会有经营者被淘汰出局。制造商为了吸引顾客，继续提高服务值，见图 4-10（c），系统在 $\delta_1=0.01$ 处发生二倍周期分岔。此时纳什均衡点为（31.18，19.91），市场溢出效用提前出现。

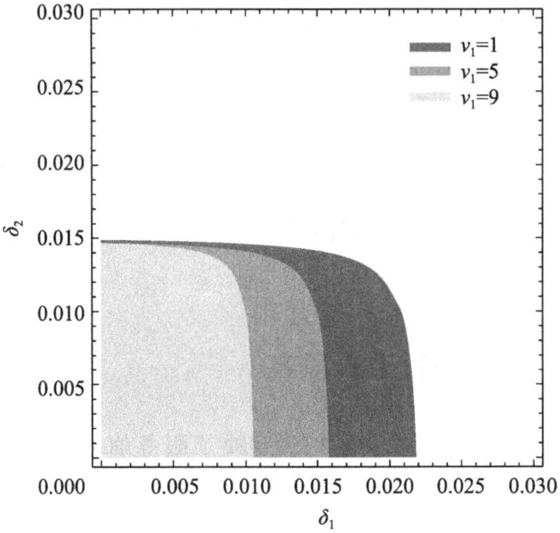

（a）v_2=2时，系统稳定域随v_1变化的情况

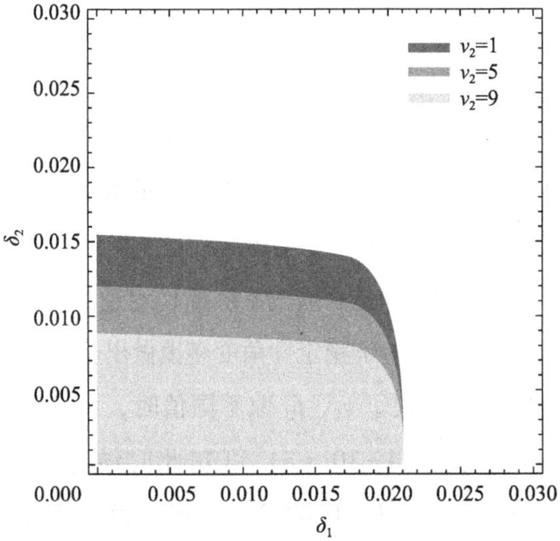

（b）v_1=1.5时，系统稳定域随v_2变化的情况

图 4-9　v_1、v_2 取不同值时系统稳定域的变化情况

图 4-11 反映了 $\delta_2=0.005$，$v_1=1$ 时，v_2 取不同值，系统（4-16）随 δ_1 的演化情况。由图 4-11（a）可见，系统的纳什均衡点为（18.02，15.34），系统在 $\delta_1=0.0204$ 处发生第一次分岔现象，在 $\delta_1>0.2576$，博弈系统进入混沌状态。当零售商感受到增加服务值带来的益处时，囿于其有

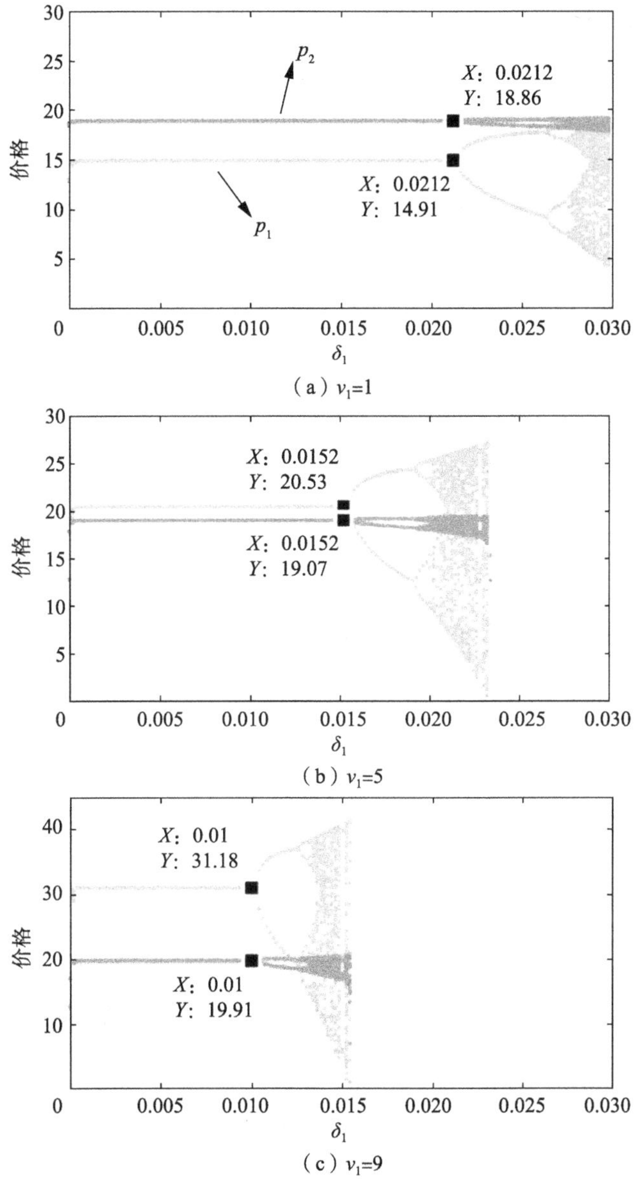

图 4-10　当 $v_1=1.5$，$\delta_2=0.005$ 时，v_2 取不同值时系统随调整参数 δ_1 变化的分岔

限理性决策者，会继续提高服务值。当零售商的服务值达到 5 时，如图 4-11（b）所示，系统的分岔点几乎不发生变化，此时纳什均衡点为（22.85，15.54）；相比于 $v_2=1$ 时，系统的纳什均衡点有所提高。如继续提高零售商的服务值，当 $v_2=9$ 时，随着 δ_1 的变化，系统在 $\delta_1=0.0192$ 处出现第一次分岔，δ_1 在（0.0252，0.0292）范围内，系统处于混沌期；当 $\delta_1>0.0292$ 时，相比于 $v_2=5$ 时，系统出现微小的溢出现象。

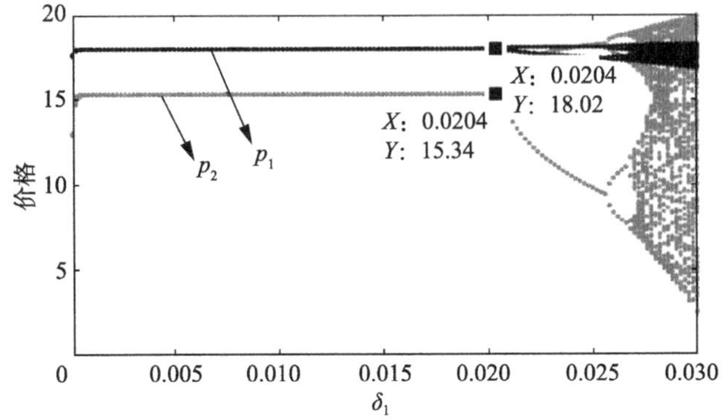

（a）$v_2=1$

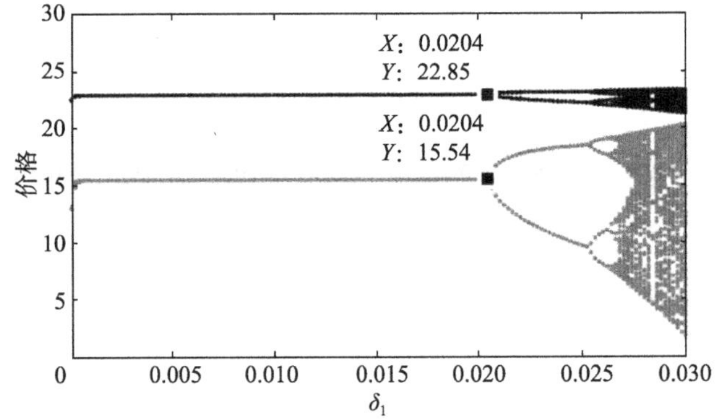

（a）$v_2=5$

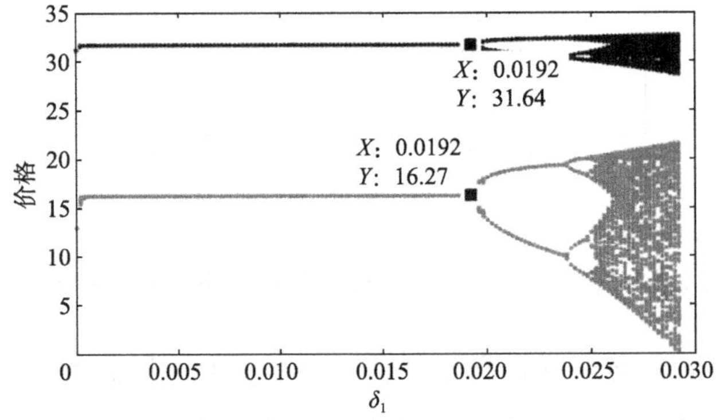

（c）$v_2=9$

图 4-11　当 $v_1=1.5$，$\delta_2=0.005$ 时，v_2 取不同值时系统随调整参数 δ_1 变化的分岔

综上所述，在市场竞争中，制造商为了提高顾客满意度会增加服务值。随着 δ_1 的变化，系统的分岔点提前，系统随价格的敏感度增加，很小的参数调整就可能使系统陷入混沌状态。同时，制造商提高服务值，随参数的调整增大，系统的溢出效应更加明显。但零售商提高服务值，调整参数 δ_1 的变化对系统的分岔点几乎不产生影响，不过对纳什均衡点有所影响；在溢出效用方面，相比于制造商，溢出效用明显减弱。

4.3.5 混沌现象对制造商和零售商效用的影响

图 4-12 反映了制造商和零售商的预期效用随价格调整速度变化的分岔。对比价格调整速度对系统价格博弈的分岔，可以发现制造商和零售商的预期效用分岔与之基本相似。随着调整参数的增加，两者的预期效用先后经历稳定期、倍周期分岔、混沌状态。

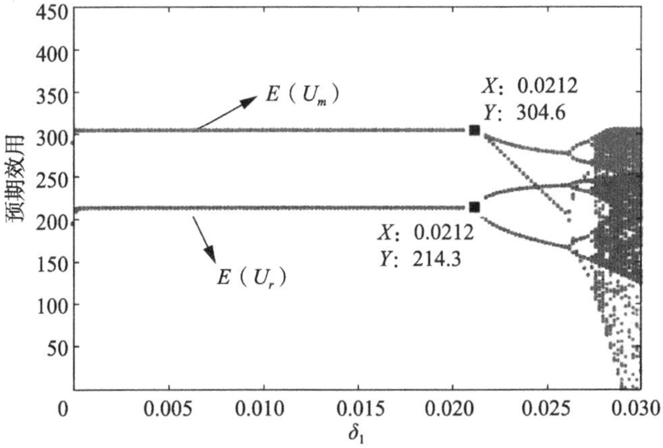

图 4-12 系统预期效用随 δ_1 变化的分岔

图 4-13 反映了决策者的预期效用随时间推移的演变情况。系统在稳定期范围内，如当 $\delta_1 = 0.005$ 时，系统的利润处在稳定范围，利润随时间的推移不发生波动；在倍周期分岔期（$\delta_1 = 0.024$），系统的利润出现有规律的周期变化；在系统处于混沌期（$\delta_1 = 0.029$），利润波动剧烈，没有规律可循，如图 4-13（c）所示。由此可知，在倍周期和混沌状态，系统预

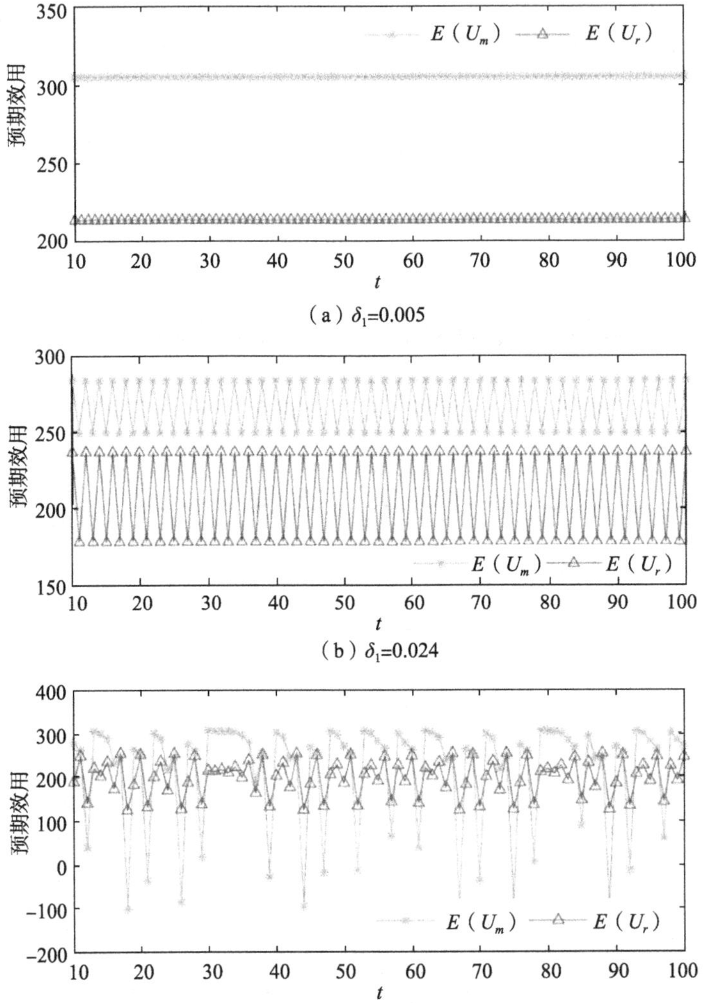

（a）δ_1=0.005

（b）δ_1=0.024

（c）δ_1=0.029

图 4-13　预期效用在不同时期随时间的演化情况

期效用发生波动，这使得制造商和零售商无法根据本期的预期效用做出下期决策。在这两种状态下，制造商和零售商的预期效用虽很难测量，但是平均利润可用来衡量其绩效，故本书通过平均效用图来说明混沌状态下各经营主体的预期效用变化情况。由图 4-14 可知，随着价格调整参数的增大，制造商的平均预期效用在分岔期、混沌期与稳定期相比明显降低，这种现象说明混沌现象破坏了制造商的运营绩效，对此应保持规避态度。但对零售商而言，随着价格调整速度的增大，零售商的平均效用呈上升趋势，即系统处于混沌时虽降低制造商的利润，但有利于零售商提高利润。因此，零售商可能在运营过程中尽力使系统陷入混沌状态，从而获得更大效用。

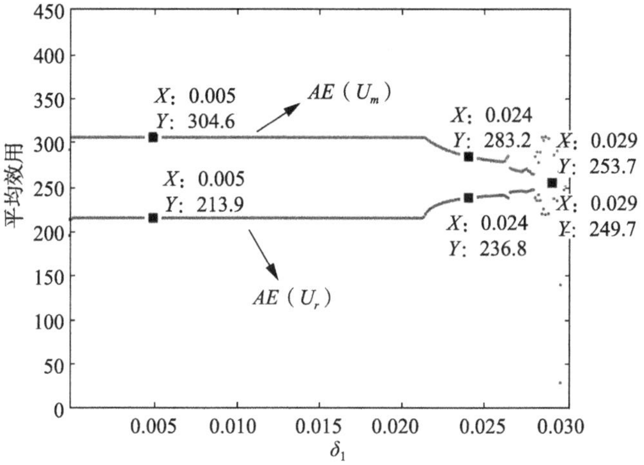

图 4-14　系统随δ_1变化的平均效用

4.4 混沌控制

通过上面的分析，可以看出混沌代表系统的不稳定性，混沌有时有利，有时有害。本章通过平均效用图发现零售商的平均效用在混沌期要比稳定期要高，但是价格波动剧烈。在这种不确定的市场情况下，很难制定下一期的价格决策。如果对混沌不加以控制，将会导致制造商和零售商所处的市场恶性循环，甚至导致其被市场所淘汰。为了促使市场重回稳定状态，这时需要外部因素的介入来使混沌市场回归正常竞争秩序，例如，政府相关部门的干预。

第三章通过对比直接参数控制法和参数适应控制法，发现参数适应控制法对系统混沌状态的控制最理想，该方法对经济系统的控制效果被大多学者所认可。假设原来的动力系统（4-16）为：

$$p_i(t+1)=g_i(p_1(t),\ p_2(t)),\ (i=1,\ 2) \tag{4-22}$$

采取参数适应控制法对制造商的零售价格进行控制，系统（4-16）控制过程可表示为：

$$\begin{cases}p_1(t+1)=(1-\varphi)\delta_1 p_1(t)(G_1+Y_1p_1+\beta_1p_2)+\varphi p_1(t)\\ p_2(t+1)=(1-\varphi)\delta_2 p_2(t)(G_2+Y_2p_2+Y_3p_1)+\varphi p_2(t)\end{cases} \tag{4-23}$$

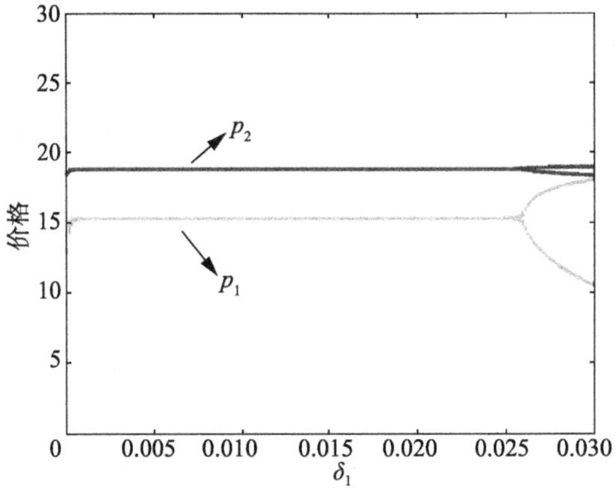

（a）α =0.1

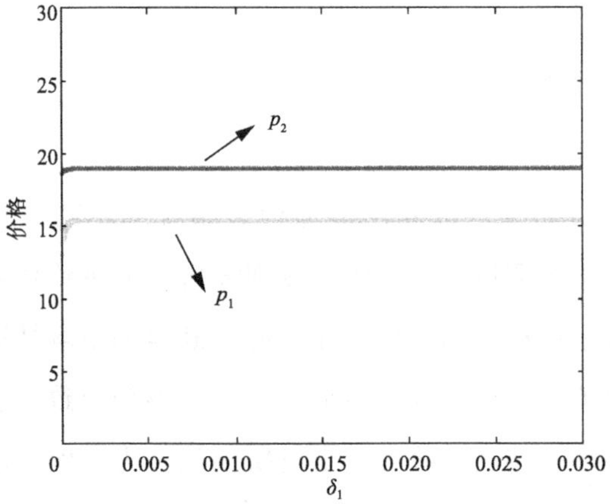

（b）α =0.4

图 4-15　控制参数 α 取不同值时，系统价格博弈的分岔

其中，α 是控制参数，图 4-15 展示了 $\alpha=0.1$ 和 $\alpha=0.4$ 时，控制系统(4-23)随着调整参数 δ_1 而演化。可以得知，当 $\alpha=0.1$ 时，混沌系统（4-22）被控制在二周期分岔状态；当 $\alpha=0.4$ 时，混沌系统被完全控制在稳定轨道上。

由以上研究可知 $\delta_1=0.03$，$\delta_2=0.005$ 时，市场处于混沌状态，加入调节参数 α 以后，随着参数的调节变化，系统的博弈演化如图 4-16（a）所示。当 $\alpha=0$ 时，系统（4-16）退化为混沌状态，此时变量很难控制。随着 α 的增加，制造商和零售商摆脱混沌状态进入倍周期分岔状态；当 $\alpha>0.31$ 时，价格博弈的动力系统被完全控制在稳定期。图 4-16（b）展示了控制系统的李雅普诺夫指数（LLE）变化情况，在非混沌状态下 LLE 小于零。

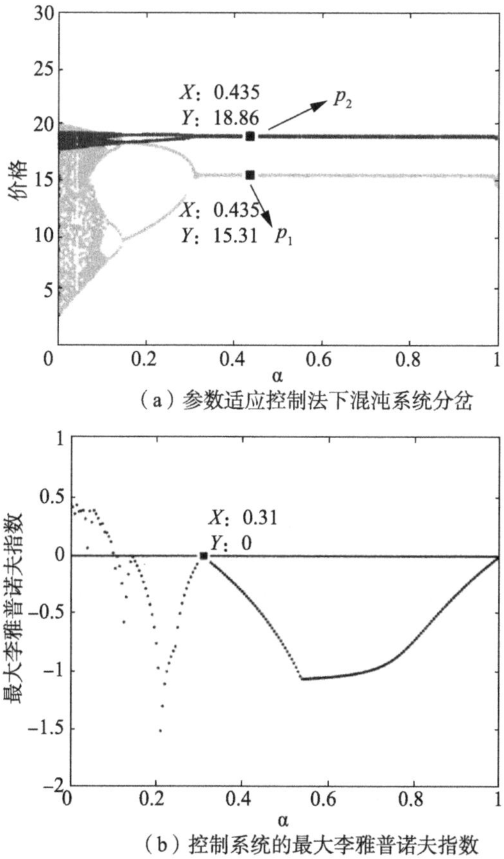

（a）参数适应控制法下混沌系统分岔

（b）控制系统的最大李雅普诺夫指数

图 4-16　混沌系统随控制参数 α 变化的价格分岔及李雅普诺夫指数

混沌的市场无论对制造商还是零售商来说，都不会带来任何益处，反而影响其效用的获得。但由于市场的复杂性和决策者的差异性，在价格博弈中，某些决策者出于追求自身效用最大化，其决策可能使稳定的市场进入分岔状态，甚至混沌状态。此时，就需要制造商和零售商进行合作与协调，或者政府出面对市场进行管控，避免市场出现混沌现象，营造良好的竞争环境。

4.5 本章小结及启示

4.5.1 本章小结

本章研究了制造商的创新和服务投入对价格博弈的影响。在供应链系统中，制造商不仅在产品生产时进行创新投入，同时在产品销售过程中进行服务投入；零售商只进行一种投入，即传统渠道服务投入。本书在最优创新投入条件下研究了渠道服务投入对系统价格博弈的影响。分析了静态博弈模型中的最优反应函数，以及决策者的风险规避态度对企业价格决策的影响。在动态博弈模型中，分析了制造商和零售商博弈的均衡点及其稳定性。通过计算实验的方法，探究了服务值对系统动态决策的影响；同时，探究了价格博弈下的动力系统复杂动力学现象，并通过参数适应法，对混沌系统进行有效控制。具体结论如下：

（1）在需求不确定的市场中，制造商和零售商的市场最优决策受其风险规避态度影响，表现出风险规避系数越大最优定价越高，动态博弈系统的稳定域越大。

（2）决策者的价格调整速度对系统纳什均衡点的稳定产生极大影响，表现为价格调整速度保持在一定范围内，均衡点才稳定，超出该范围系统会失去稳定。

（3）系统的稳定域随服务值的增加而减小，且渠道服务值的增加，只会缩小相应渠道的价格决策空间，对存在竞争关系的渠道价格决策空间不产生影响。

（4）渠道的服务水平高，会导致动态博弈系统提前发生分岔并使系统进入混沌状态，市场溢出现象提前发生。

（5）当市场处于混沌状态时，制造商的系统效能遭受损失，但零售商的效能得到提高。

以上结论对双渠道供应链中企业考虑服务投入参与市场价格竞争时，具有一定的借鉴和参考价值。

4.5.2 现实启示

在本书所构建的双渠道供应链系统中，制造商和零售商既有竞争又有合作。市场中任何一个经营主体，其经营目标都是实现利润的最大化。在网络高度发达的今天，网络渠道与传统渠道产生了渠道冲突。在动态市场中，制造商和零售商既要维护好之间的合作关系又要展开竞争。为此，当制造商保持在最优创新投入下，对其所经营的直销渠道进行服务投入，不仅提高了整条供应链的销量，而且可以提高网络消费者的满意度。制造商和零售商同时对其所经营的渠道进行服务投入时，很容易忽略服务投入对市场价格策略的影响，导致彼此之间服务投入恶性较量。较高的服务投入容易导致单位产品的成本提高，从而促使市场价格的升高，进而对需求产生抑制作用，不利于经营目标的实现。决策者面临竞争对手的服务投入时，应该理性地看待，不能为了能在短时间内击垮竞争对手而过度地进行服务投入。这样不仅会给自己带来损失，同时还会影响其所处的供应链系统的稳定性，扰乱已建立起来的市场竞争格局。因此，决策者应妥善处理服务投入对市场价格策略的影响，积极面对市场竞争，通过合理方式不断提高自身的竞争力。

第 5 章

基于不同期望和最优定价的服务博弈模型的复杂性和熵分析

本章通过对服务博弈和多渠道供应链的文献梳理，构建了一个多渠道动态服务博弈模型，即零售商通过线下渠道运营，制造商通过线上渠道运营，客户可在线购买线下从零售商商店（BOPS）取货。制造商和零售商以渠道利润最大化为经营目标，在最优定价下进行渠道服务博弈。我们对模型进行了理论分析，并从熵理论、博弈理论和混沌动力学角度进行数值模拟。结果表明，随着服务弹性系数的增大，系统的稳定性会减弱，零售商的反馈参数调整对系统的稳定性没有影响。BOPS 渠道加强了制造商和零售商之间的合作，缓和了线上渠道和线下渠道之间的冲突。当制造商快速调整其服务决策时，系统将进入混沌状态，导致系统熵增加。在混沌状态下，系统对初始条件敏感，服务输入难以预测；制造商和零售商需要输入更多的附加信息使系统清晰，或使用直接反馈控制方法来延迟或消除混沌的发生。

5.1 问题描述与模型假设

5.1.1 模型描述与假设

在多渠道服务供应链中，制造商和零售商以渠道利润最大化为经营目标，在最优定价下进行渠道服务博弈，其中 p_i 和 s_i，$i=1, 2, 3$ 代表产品的销售价格和三个渠道的渠道服务水平，w 是制造商向零售商提供的批发价，见图 5-1。制造商和零售商按一定比例分配 BOPS 渠道的成本和利润，零售商不参与 BOPS 渠道的服务决策。因此，制造商基于渠道利润做出 BOPS 渠道的服务决策是合理的。

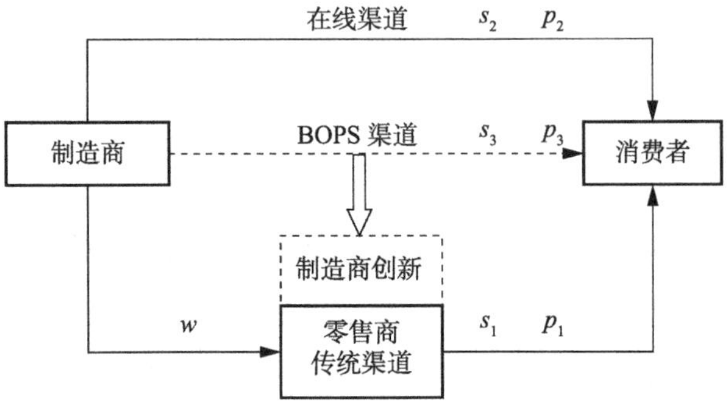

图 5-1　多渠道服务供应链

为简化本书中的模型，做以下假设：

（1）制造商和零售商的目标是渠道利润最大化，制造商以 s_2 和 s_3 为决策变量，零售商在最优价格决策下以 s_1 为决策变量。

（2）渠道服务不影响其他渠道的需求，产品的生产成本和销售成本为零。

（3）制造商和零售商的库存量足以满足客户需求。

5.1.2 模型构建及分析

根据 Yao 等（2008）和 Dan 等（2012）提出的实际市场竞争和扩展需求函数，假设本书中的主要需求函数由 P_i 和 S_i 决定，具体如下：

$$\begin{cases} D_1 = a_1 - bp_1 + kp_2 + kp_3 + \gamma_1 s_1 \\ D_2 = a_2 - bp_2 + kp_1 + kp_3 + \gamma_2 s_2 \\ D_3 = a_3 - bp_3 + kp_2 + kp_1 + \gamma_3 s_3 \end{cases} \tag{5-1}$$

其中，a_i（i=1，2，3）是传统渠道、直接渠道和 BOPS 渠道产品的基本需求。b(b>0）是产品的价格敏感系数；k(k>0）是反映产品替代程度的交叉价格敏感系数；Y_i（$Y_i>0$），$i=1$，2，3 是服务敏感系数，满足 $b>k$ 和 $b>Y_i$。

根据 Ali 等（2018）的研究，三个渠道的服务成本满足：$c(s_i)=\frac{\eta_i s_i^2}{2}$，$i=1$，2，3。$\eta_i>0$ 且 $i=1$，2，3 是每个渠道的单位服务成本。

制造商和零售商的决策过程如下：①制造商和零售商基于渠道利润最大化进行价格决策。②在最优价格决策下进行服务决策。

制造商和零售商的渠道利润计算公式所示：

$$\begin{cases}\pi_1=(p_1-w)D_1-\dfrac{\eta_1 s_1^2}{2}\\\pi_2=p_2D_2-\dfrac{\eta_2 s_2^2}{2}\\\pi_3=p_3D_3-\dfrac{\eta_3 s_3^2}{2}\end{cases}\tag{5-2}$$

其中 π_1 是零售商从传统渠道获得的利润；π_2 和 π_3 是制造商从线上渠道和 BOPS 渠道获得的利润；w 为常数，表示制造商为零售商提供的批发价格。

假设 s_1、s_2、s_3 为已知值，对 p_i 做 π_i 的一阶偏导数，得到制造商和零售商的渠道边际利润：

$$\begin{cases}\dfrac{\partial\pi_1}{\partial p_1}=a_1-2bp_1+kp_2+kp_3+r_1s_1+bw\\\dfrac{\partial\pi_2}{\partial p_2}=a_2-2bp_2+kp_1+kp_3+r_2s_2\\\dfrac{\partial\pi_3}{\partial p_3}=a_3-2bp_3+kp_1+kp_2+r_3s_3\end{cases}\tag{5-3}$$

通过求解$\frac{\partial\pi_i}{\partial p_i}=0$，得到制造商和零售商的最优价格：

$$\begin{cases} p_1^* = \dfrac{2a_1b-a_1k+a_2k+a_3k+2b^2w-bkw+2b\gamma_1s_1-k\gamma_1s_1+k\gamma_2s_2+k\gamma_3s_3}{2(b-k)(2b+k)} \\ p_2^* = \dfrac{2a_2b+a_1k-a_2k+a_3k+bkw+2b\gamma_2s_2+k\gamma_1s_1-k\gamma_2s_2+k\gamma_3s_3}{2(b-k)(2b+k)} \\ p_3^* = \dfrac{2a_3b+a_1k+a_2k-a_3k+bkw+2b\gamma_3s_3+k\gamma_1s_1+k\gamma_2s_2-k\gamma_3s_3}{2(b-k)(2b+k)} \end{cases} \quad (5-4)$$

将 p_1^*、p_2^* 和 p_3^* 代入方程（5-2），得到 π_i 对 s_i 的一阶偏导数。通过求解方程 $\dfrac{\partial \pi_i}{\partial s_i}=0$，得出制造商和零售商的最佳渠道服务水平如下：

$$\begin{cases} s_1^* = \dfrac{A_0+(2b^2k\gamma_1\gamma_2-bk^2\gamma_1\gamma_2)s_2+(2b^2k\gamma_1\gamma_3-bk^2\gamma_1\gamma_3)s_3}{8\eta_1b^4-8k\eta_1b^3-4b^3\gamma_1^2-6\eta_1b^2k^2+4kb^2\gamma_1^2+4\eta_1bk^3-bk^2\gamma_1^2+2\eta_1k^4} \\ s_2^* = \dfrac{B_0+(2b^2k\gamma_1\gamma_2-bk^2\gamma_1\gamma_2)s_1+(2b^2k\gamma_2\gamma_3-bk^2\gamma_2\gamma_3)s_3}{8\eta_1b^4-8k\eta_1b^3-4b^3\gamma_1^2-6\eta_1b^2k^2+4kb^2\gamma_1^2+4\eta_1bk^3-bk^2\gamma_1^2+2\eta_1k^4} \\ s_3^* = \dfrac{C_0+(2b^2k\gamma_1\gamma_3-bk^2\gamma_1\gamma_3)s_1+(2b^2k\gamma_2\gamma_3-bk^2\gamma_2\gamma_3)s_2}{8\eta_1b^4-8k\eta_1b^3-4b^3\gamma_1^2-6\eta_1b^2k^2+4kb^2\gamma_1^2+4\eta_1bk^3-bk^2\gamma_1^2+2\eta_1k^4} \end{cases}$$

(5-5)

其中：

$A_0=4a_1\gamma_1b^3-4\gamma_1wb^4+a_1b\gamma_1k^2+2k\gamma_1b^2(a_3+a_2-2a_1)+b\gamma_1k^2(a_3-a_2)+bk\gamma_1w(4b^2+3bk-2k^2)$，

$B_0=4a_2\gamma_2b^3-a_1\gamma_2bk^2+2a_1k\gamma_2b^2+a_2b\gamma_2k^2-4a_2k\gamma_2b^2-a_3b\gamma_2k^2+2a_3k\gamma_2b^2+2k\gamma_2wb^3-b^2k^2\gamma_2w$，

$C_0=4a_3b^3\gamma_3-a_1bk^2\gamma_3+2a_1b^2k\gamma_3-a_2bk^2\gamma_3+2a_2b^2k\gamma_3+a_3bk^2\gamma_3-4a_3b^2k\gamma_3+2b^3k\gamma_3w-b^2k^2\gamma_3w.$

最优级别服务的表达式非常复杂，变量和参数之间的关系无法直观地从函数表达式看到。接下来，我们通过构建一个动态博弈模型来研究多渠道供应链系统的动态特性。

制造商和零售商的服务决策并不见得完全合理，因为它们无法从市场上获得所有必要信息，故制造商和零售商决策时为有限理性行为。零售商则在决策过程中采用一种适应性期望，具体如下：

$$s_1(t+1)=s_1(t)+\beta[s_1(t)-s_1^*(t)],\ 0<\beta<1 \tag{5-6}$$

其中，β 是服务反馈参数。

制造商根据直接渠道的有限理性预期和防喷器渠道的静态预期做出服务决策：

$$s_2(t+1)=s_2(t)+\xi s_2(t)\frac{\partial \pi_2(t)}{\partial s_2} \tag{5-7}$$

$$s_3(t+1)=s_3^*(t) \tag{5-8}$$

式中，ξ 是反映制造商学习行为和积极管理行为的服务调整参数。当 t 期间的边际利润超过零时，制造商将提高 $t+1$ 期的服务水平；反之，制造商将降低 $t+1$ 期的服务水平。即 $t+1$ 期的服务水平根据 t 期的边际利润进行调整。

考虑 BOPS 渠道的三维动态服务博弈系统如下：

$$\begin{cases} s_1(t+1)=s_1(t)+\beta\left[\dfrac{A_0+(2b^2k\gamma_1\gamma_2-bk^2\gamma_1\gamma_2)s_2(t)+(2b^2k\gamma_1\gamma_3-bk^2\gamma_1\gamma_3)s_3(t)}{8\eta_1b^4-8\eta_1b^3k-4b^3\gamma_1^2-6\eta_1b^2k^2+4b^2k\gamma_1^2+4\eta_1bk^3-bk^2\gamma_1^2+2\eta_1k^4}-s_1(t)\right] \\ s_2(t+1)=s_2(t)+\xi s_2(t)\left[\dfrac{B_1+B_2s_1(t)+B_3s_2(t)+(4b^2k\gamma_2\gamma_3-2bk^2\gamma_2\gamma_3)s_3(t)}{(2b+k)^2(2b-2k)^2}-\eta_2s_2(t)\right] \\ s_3(t+1)=\dfrac{C_0+(2b^2k\gamma_1\gamma_3-bk^2\gamma_1\gamma_3)s_1(t)+(2b^2k\gamma_2\gamma_3-bk^2\gamma_2\gamma_3)s_2(t)}{8\eta_3b^4-8\eta_3b^3k-4b^3\gamma_3^2-6\eta_3b^2k^2+4b^2k\gamma_3^2+4\eta_3bk^3-bk^2\gamma_3^2+2\eta_3k^4} \end{cases} \tag{5-9}$$

其中：

$B_1=8a_2\gamma_2b^2(b-k)+2bk\gamma_2(a_1k-wbk+2wb^2+4k\gamma_2b^2(a_1+a_3)-2b\gamma_2k^2(a_1+a_3)$，

$B_2=2bk\gamma_1\gamma_2(2b-k)$，

$B_3=2bk^2\gamma_2^2+8b^2\gamma_2^2(b-k)$.

5.2 系统（5-9）的稳定性

本节主要研究系统（5-9）的稳定性。由于模型的特殊性，系统（5-9）的纳什平衡解非常复杂，不能直接判断变量与参数之间的相互作用。这里，我们依据 Yang 等（2016）成果通过数值模拟研究系统（5-9）的稳定性。根据多渠道供应链企业的现状和实际情况，将参数值设为：$a_1=4$，$a_2=3$，$a_3=2$，$b=1$，$\eta_1=0.7$，$\eta_2=0.75$，$\eta_3=0.7$，$\gamma_1=0.55$，$\gamma_2=0.4$，$\gamma_3=0.5$，$k=0.6$，$w=2$。

当 $s_1(t+1)=s_1(t)$，$s_2(t+1)=s_2(t)$，$s_3(t+1)=s_3(t)$ 时，系统（5-9）的八个平衡解为：

$E_1=(9.5227, 6.3236, 8.7891)$,

$E_2=(0, 4.6685, 6.3699)$,

$E_3=(7.9027, 0, 7.3865)$,

$E_4=(7.0220, 4.8424, 0)$,

$E_5=(6.0508, 0, 0)$,

$E_6=(0, 3.859, 0)$,

$E_7=(0, 3.8509, 0)$,

$E_8=(0, 0, 5.6042)$.

显然，E_2、E_3、E_4、E_5、E_6、E_7 和 E_8 不符合我们期望的边界平衡点，因为决策者显然不允许决策变量为零。E_2、E_3、E_4、E_5、E_6、E_7、E_8 都不稳定，E_1 是唯一的纳什平衡点。由于不稳定平衡点不是本书的研究重点，下面只考虑纳什平衡点的稳定性。

E_1 处系统（5-9）的雅克比矩阵如下。

$$
\boldsymbol{J}(\boldsymbol{E}_1)=\begin{vmatrix} 1-\beta & 0.2621\beta & 0.3277\beta \\ 0.9611\xi & 1-10.4062\xi & 0.8737\xi \\ 3.3863 & 1.8452 & 0 \end{vmatrix}
$$

$\boldsymbol{J}(\boldsymbol{E}_1)$ 的特征多项式形式如下：

$$f(\lambda)=\lambda^3+A\lambda^2+B\lambda+C \tag{5-10}$$

其中：

$A=\beta+3.820\xi-2$,

$B=3.6164\beta\xi-1.0560\beta-3.9052\xi+1$,

$C=-0.3410\beta\xi+0.0565\beta+0.0805\xi$.

为了保证 E_1 在本地稳定，a、b 和 c 必须满足以下条件。

$$\begin{cases} f(1)=A+B+C+1>0 \\ -f(-1)=-A+B-C+1>0 \\ |C|<1 \\ |BC-AB|<|C^2-A^2| \end{cases} \tag{5-11}$$

通过求解条件（5-11），得到系统（5-9）的稳定域。由于限制条件非常复杂，求解方程（5-11）非常困难。如果 e_1 满足方程（5-11）的要求，可以判定系统（5-9）是局部稳定的。对此，我们可通过数值模拟来证明系统（5-9）的稳定区域。

根据方程（5-11），图 5-2 给出了当 $\gamma_1=0.25$，$\gamma_1=0.55$ 时系统（5-9）的稳定区和不稳定区。

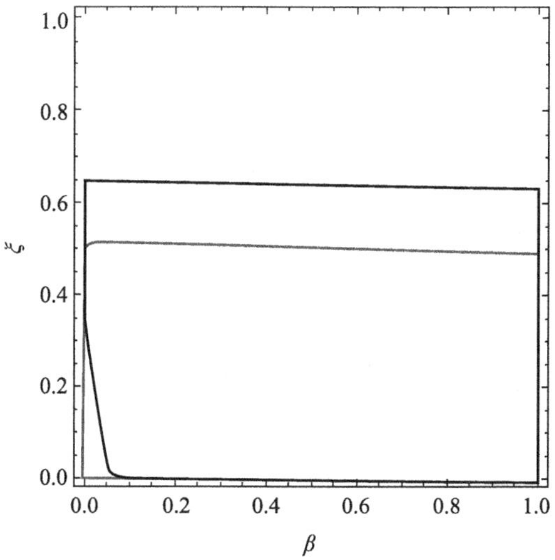

图 5-2　当 $\gamma_1=0.25$，$\gamma_1=0.55$ 时系统（5-9）的稳定区

可以看到，随着 γ_1 的增加，系统（5-9）的稳定区变小；β 的变化对系统（5-9）的稳定性没有影响，无论 γ_1 取什么值。即服务弹性系数越大，稳定区域越小，服务弹性系数的增加将削弱市场竞争。因此，非理性决策模式对系统（5-9）的稳定性有很大影响。当 ξ 和 β 取稳定范围内的值时，系统（5-9）在有限周期博弈后将稳定在纳什平衡点。当 ξ 和 β 在不稳定范围内取值时，系统（5-9）将不稳定，进入分岔状态或混沌状态；此时系统（5-9）的不确定性增大，需要更多的信息来保持系统（5-9）的稳定性。

5.3 系统（5-9）熵复杂性分析

为了更好地了解系统（5-9）的动态特性，本节利用分岔图、系统熵和最大李雅普诺夫指数等，对系统（5-9）的熵复杂性和动态行为进行数值模拟。我们知道熵可以测量系统的混沌程度，系统处于稳定状态时系统熵很小；系统处于混沌状态时系统熵很大。本书所用的熵方程如下：

$$S(p_1,\ p_2,\ \cdots,\ p_n)=-\sum_{i=1}^{n}p_i\log_2 p_i$$

在复杂多变的市场中，存有许多不确定因素。通过仿真分析，可以清楚地看到参数变化对双通道供应链系统熵的影响，再利用熵来量化供应链系统的稳定性，为进一步有效地控制整个供应链的复杂性奠定了基础。

5.3.1 系统（5-9）的熵复杂性分析

本节仍沿用第 5.2 节参数值，当 $\beta=0.3$ 时，系统（5-9）的熵和动态行为随 ξ 的变化而变化。图 5-3 显示了系统（5-9）的服务水平和熵，ξ 随 $\gamma_1=0.55$ 而变化。由此可见，对于本书中的多渠道供应链系统，当传统销售渠道的服务水平最高时，直接渠道的服务水平最低，这与市场的实际情况是一致的。当θ<0.49时，系统（5-9）是稳定的；当θ增加时，系统（5-9）通过周期加倍分岔。系统（5-9）处于稳定状态时熵较低，处于混沌状态时熵较高。高熵意味着系统更加不稳定，市场存在更加不确定性，需要更多的信息来保持系统（5-9）的稳定状态。

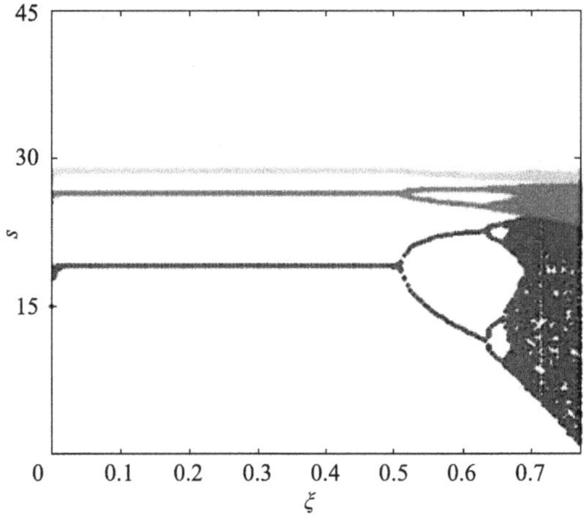

（a）分叉

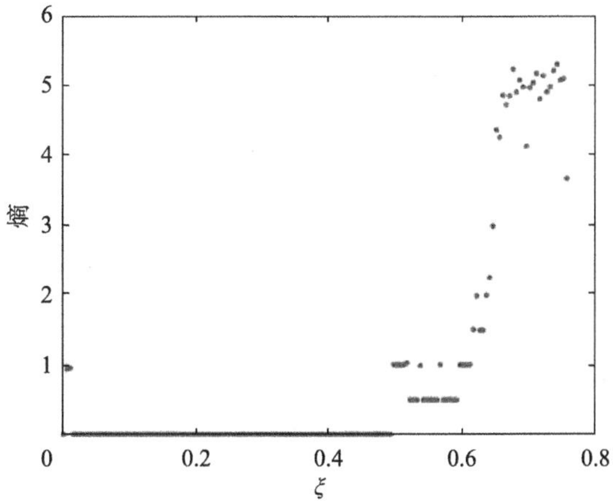

（b）熵

图5-3 当γ_1=0.55时，系统（5-9）随ξ变化而变化

图 5-4 显示了系统（5-5）的服务水平和熵，当 $\gamma_1=0.7$ 时，系统随 ξ 变化。我们发现，当消费者对服务水平敏感时，系统（5-9）将稳定在更高的纳什平衡点，系统（5-9）的不确定性以较高的熵形式出现，这与图 5-2 一致。在混乱状态下，市场是复杂和不可预测的。

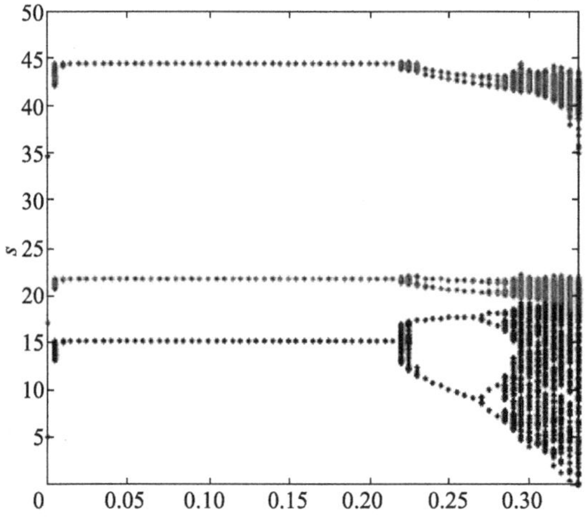

（a）分叉

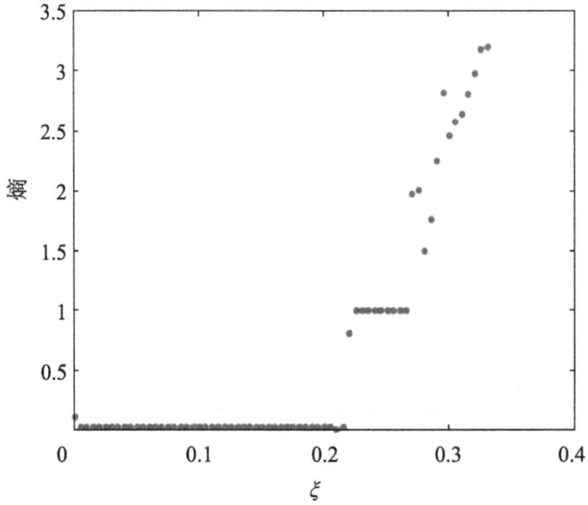

（b）熵

图 5-4　当 $\gamma_1=0.7$ 时，系统（5-9）随 ξ 变化而演化

简而言之，当消费者对渠道服务敏感时，制造商和零售商就会提供更高层次的渠道服务，系统（5-9）的不确定性更早以较高的熵出现。换句话说，服务弹性系数越大，系统（5-9）越容易进入混沌状态，系统的稳定区域越小。

5.3.2 具有反馈参数（β）的系统（5-9）熵复杂性分析

本节我们分析反馈参数（β）对系统（5-9）稳定性的影响。图5-5是系统（5-9）随β变化的分叉图。从图5-5（a）可以看出，当$\xi=0.3$时，无论β如何变化，系统（5-9）从初始值逐渐回归到纳什平衡，系统

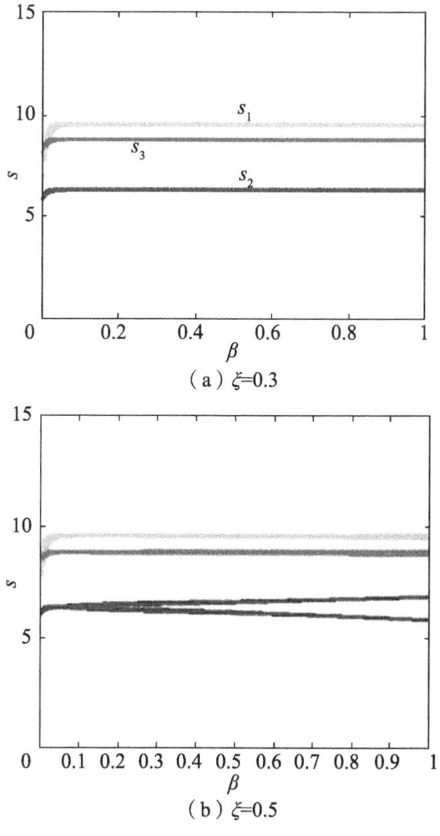

（a）ξ=0.3

（b）ξ=0.5

图5-5 系统（5-9）随β变化的分岔

熵为零，此时市场处于稳定状态。从图 5-5（b）可以看出，当 $0<\beta\leqslant0.08$ 时系统(5-9)处于稳定状态，在 $0.08<\beta\leqslant1$ 时进行二周期分叉。由此可见，反馈参数（β）对系统稳定性和系统熵的影响很小。

当系统处于稳定状态时，系统的吸引子在固定点上是稳定的；当系统进入混沌状态时，系统的吸引子占据较大空间，混沌吸引子的结构更加复杂。当 $\beta=0.3$ 且 $\xi=0.48$ 时，根据图 5-3 所示的分岔，系统（5-9）处于稳定状态，该状态下的混沌吸引子如图 5-6（a）所示；当 $\beta=0.3$ 且 $\xi=0.58$ 时，系统（5-9）处于二周期分岔状态，混沌吸引子如图 5-6（b）所示；当 $\beta=0.3$ 且 $\xi=0.74$ 时，系统（5-9）处于混沌吸引子状态，混沌吸引子如图 5-6（c）所示。

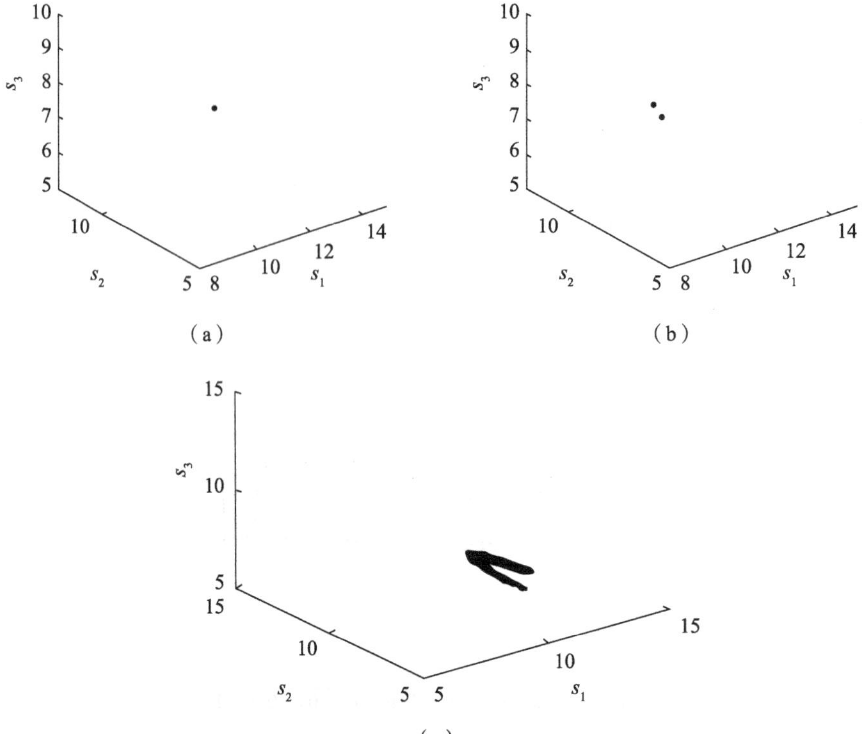

图 5-6　不同参数条件下系统（5-9）的混沌吸引子：(a) $\beta=0.3$，$\xi=0.48$；(b) $\beta=0.3$，$\xi=0.58$；(c) $\beta=0.3$，$\xi=0.74$

从图 5-2 到图 5-6 可以看出，对于多渠道供应链，即使变量服务的初始值是固定的，ξ 的变化也会影响市场进入混沌状态的周期。厂商调整渠道服务水平越快，市场越容易陷入混乱。因此，在竞争性多渠道供应链中，制造商和零售商应综合考虑市场和竞争对手的情况，而不是盲目地调整服务水平。

根据信息论，当市场处于有序竞争状态时，最优定价下的最优服务水平概率较大，系统熵较低；当市场处于无序竞争状态时，最优定价下的服务决策失序，系统熵较高。

混沌系统的另一个明显特征是对初始值敏感。换言之，如果系统参数的初始值发生微小变化，系统将随着时间的推移而发生很大变化。当 $\beta=0.3$ 且 $\xi=0.48$ 时，根据上述分析，系统（5-9）保持稳定。服务水平（s_2）的初始值取 5 和 5.001，经过多次迭代，两组数值解之间的差异如图 5-7 所示。可以发现，在迭代开始时，尚有差异，经过大约 40 次迭代之后，差异逐渐减小至零。

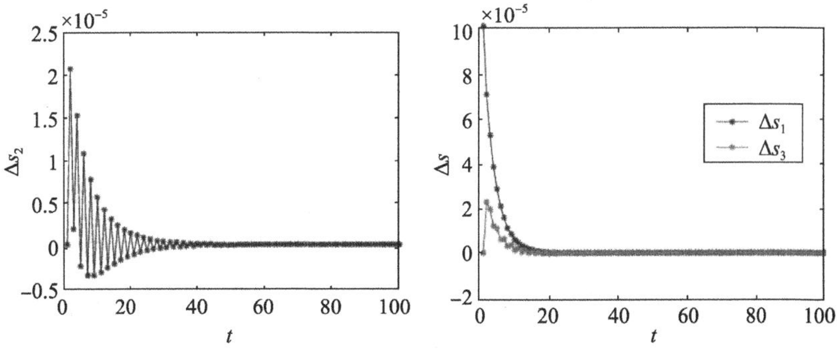

图 5-7 稳定系统对服务水平的初值灵敏度

当 $\beta=0.3$ 且 $\xi=0.72$ 时，根据上述分析，系统（5-9）处于混沌状态。服务级别（s_2）的初始值取 5 和 5.001，经过多次迭代，两组数值解之间的差异如图 5-8 所示。可以看到，在最初的迭代中，通道服务的值没有差别，但是经过大约 20 次迭代后，通道服务的差别大大增加。

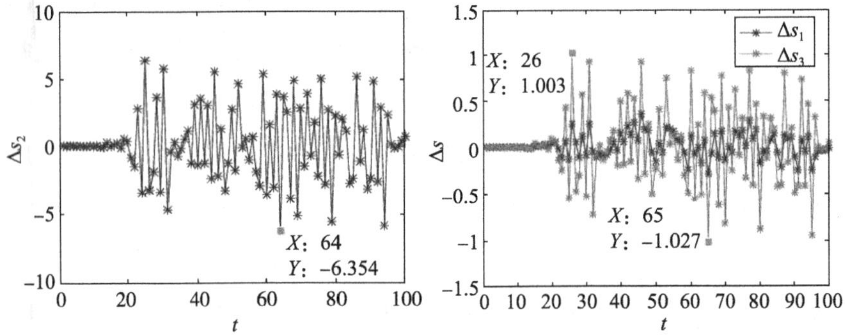

图 5-8 混沌系统对服务水平的初值灵敏度

由此可见，当系统处于混沌状态时，系统对初值非常敏感；初值的微小差异会在多次迭代后导致巨大的偏差，因而决策者应该更谨慎地选择其决策变量的初始值。

5.3.3 参数变化对系统利润的影响

通过以上分析，可以发现当 ξ 过大时，系统（5-9）的不确定性会明显增加。这会导致市场更加复杂，系统的熵上升到一个非常大的值，使得决策者很难做出服务决策。因此，系统参与者的利润也会受到影响。图 5-9 和图 5-10 分别显示了系统（5-9）相对于 ξ 变化的利润分叉。如我们所预测的，系统（5-9）的利润在 $\xi<0.48$ 时保持稳定；在 $\xi>0.68$ 时进入混沌状态。在混沌状态下，系统（5-9）的平均利润呈下降趋势（见图 5-10）。因此，ξ 的过大会使决策复杂化，从而影响制造商和零售商的利润。

另外，虽然传统渠道中的零售商服务水平最高，但在渠道竞争中获得的利润最小，这造成线上渠道、线下渠道的冲突。如果制造商和零售商建立 BOPS 渠道的利润分配契约，则可缓和线上渠道、线下渠道之间的冲突。

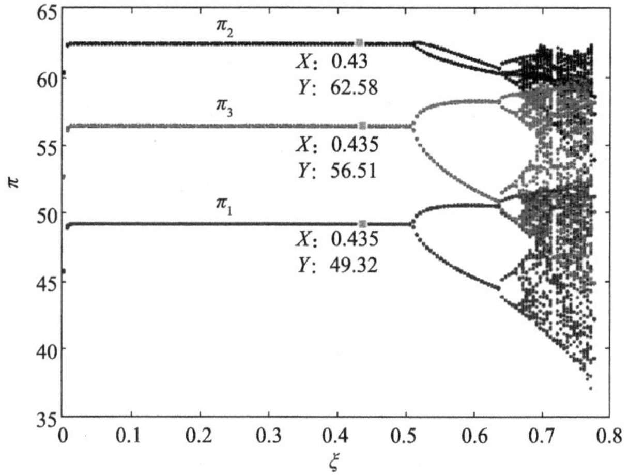

图 5-9　系统（5-9）的利润

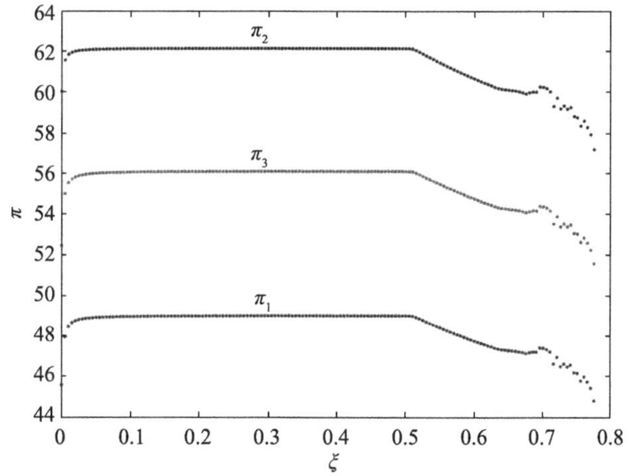

图 5-10　系统（5-9）的平均利润

5.4 控制中心

在多渠道供应链中，所有企业都希望能够轻松地实现业务目标，并通过调整服务策略，以减少市场的不确定性。一旦企业调整服务水平的速度超出合理范围，市场就会陷入混乱无序状态，对制造商和零售商都是有害的。制造商和零售商需要获取更多信息来消除系统的不确定性。因此，有必要采取适当方法来推迟或消除分岔和混沌的发生。

以上分析表明，ξ 的变化使多渠道供应链系统逐渐进入混沌状态。本节采用反馈控制方法来延迟或消除多通道服务博弈模型的混沌状态，从而减少混沌对系统（5-9）的负面影响。Wu 和 Ma（2018）运用反馈控制方法对产品横向多元化供应链中的混沌进行了控制。

原动力系统（5-9）为：

$$\begin{cases} s_1(t+1)=f_1[s_1(t),\ s_2(t),\ s_3(t)] \\ s_2(t+1)=f_2[s_1(t),\ s_2(t),\ s_3(t)] \\ s_3(t+1)=f_3[s_1(t),\ s_2(t),\ s_3(t)] \end{cases} \tag{5-12}$$

受控动态系统可表示为：

$$\begin{cases} s_1(t+1)=f_1[s_1(t),\ s_2(t),\ s_3(t)] \\ s_2(t+1)=f_2[s_1(t),\ s_2(t),\ s_3(t)]-Ps_2(t) \\ s_3(t+1)=f_3[s_1(t),\ s_2(t),\ s_3(t)] \end{cases} \tag{5-13}$$

其中，p 代表混沌控制参数。选择合适的 p 值是延迟分岔的关键，可以使多渠道供应链系统从混沌状态恢复至稳定状态。

图 5-11 显示了控制系统（5-13）在 $\beta=0.3$ 且 $\xi=0.72$ 时随 p 变化的分岔和熵。受控系统（5-13）随着 p 的增加，从混沌状态逐渐进入稳定状态；当 $0.73\leqslant p\leqslant 1$ 时，受控系统（5-13）处于稳定状态，熵较低，市场处于有序竞争状态。控制参数 p 作为决策者的学习和自适应能力，选择适当的 p 值，决策者可以使多渠道供应链恢复至稳定状态。

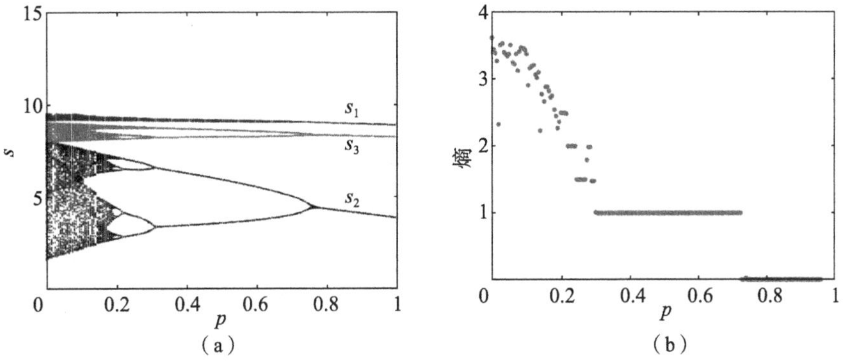

图 5-11 控制系统随 *P* 变化的演化情况：(a) 分叉和 (b) 熵

5.5 本章小结及启示

5.5.1 本章小结

本章建立了一个多渠道动态服务博弈模型，其中零售商经营离线渠道，制造商经营在线渠道，并为客户提供在线购买及于零售商商店（BOPS）提货的选择权。制造商和零售商以渠道利润最大化为经营目标，使渠道服务博弈处于最优定价状态。研究了多渠道供应链系统的平衡解、稳定域、复杂性熵和效率。研究结果表明，随着服务弹性系数的增大，多渠道供应链系统的稳定性减弱，而调整零售商的反馈参数几乎不影响系统的稳定性。如果制造商快速调整服务决策，系统进入混沌状态，系统的平均利润呈现下降趋势，系统的熵增加。BOPS 渠道加强了制造商和零售商之间的合作，缓和了线上渠道、线下渠道之间的冲突。在混沌状态下，服务输入难以预测，系统熵较大，制造商和零售商需要获取更多的信息来熟悉市场环境。利用反馈控制法，可以有效延迟或消除混沌系统，促使制造商和零售商之间相互配合，采取积极措施来防止和控制混沌。

5.5.2 现实启示

本章的研究结论为制造商和零售商做出最佳服务决策，避免混乱和利润损失提供了现实指导。例如，制造商应该掌握足够的信息来分析消费者对渠道服务的敏感性。如果制造商盲目调整渠道服务水平，很容易增加系统的不确定性，使市场陷入混乱，从而使制造商和零售商遭受不必要的损失，甚至可能被迫退出市场。

但本章的一些假设限制了模型的实际研究价值。首先，去除这些假设条件可以使模型更接近市场现实场景。例如，考虑服务对渠道需求的交互作用的模型更接近实际情况。其次，在多渠道供应链中，制造商和零售商之间的其他权利结构应该考虑在内，因为这可能会影响当前的结果是否成立。最后，制造商和零售商的其他决策目标也应该考虑。

第 6 章

基于渠道合作与服务的多渠道供应链复杂性与熵分析

本章以供应链渠道合作与服务为背景，构建包含在线存储渠道的多渠道供应链纳什博弈模型和斯塔克尔伯格博弈模型。在利润最大化和有界理性期望规则（BRE）基础上，分别建立动态博弈模型，通过数学分析对平衡点的稳定性进行分析，并利用分岔图、熵分布图等方法探讨参数对系统稳定域和熵的影响。讨论最大李雅普诺夫指数、混沌吸引子，以及服务水平和利润分配率等对系统利润的影响。理论分析结果表明，服务水平和利润分配率越高，系统的稳定域越小。当经营者快速调整价格决策时，系统进入混沌状态，系统的熵增加；当制造商或零售商以有利于实现利润最大化的适当价值保持服务水平，系统的熵增加。制造商应谨慎设定在线存储渠道的服务水平，以确保系统的利润；在纳什博弈模型中，系统的稳定性比斯塔克尔伯格博弈模型弱。此外，本章还提出相关建议以帮助多渠道供应链中的制造商和零售商做出更好的决策。

6.1 问题描述与模型假设

6.1.1 模型描述语言

基于渠道合作与服务，以双渠道制造商和传统渠道零售商为基础，本章研究多渠道供应链中新的销售渠道（见图6-1）。双通道制造商依靠三个渠道为市场提供相同产品：第一个是传统渠道，零售商以价格 p_1 向消费者销售产品并提供服务水平 S_1；第二个是在线渠道，制造商以价格 p_2 向消费者销售产品并提供服务水平 S_2；第三个是 OSC，制造商在零售商商店设置一定数量的库存，并允许消费者以价格 p_3 于线上渠道下订单，并于零售商商店提货。在 OSC 中，零售商为消费者提供服务，服务水平 S_3 和产品价格 p_3 由制造商确定。在不存在道德风险的前提下，制造商和零售商按照确定比例 h 分配 OSC 的利润和成本。当 h 值太小时，零售商难以与制造商合作。因此，制造商需要与零售商协商确定 h 的价值。

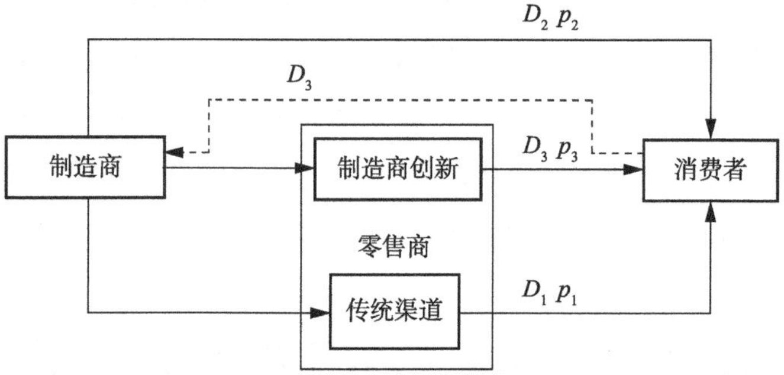

图 6-1 多渠道供应链系统

6.1.2 符号描述

本章将使用以下设定：

a_i：潜在市场的规格（i=1，2，3）；

w：双渠道制造商为传统零售商设定的批发价格；

b：价格敏感系数；

k：替代品价格的影响；

$D_i(t)$：期间产品需求（i=1，2，3）；

$p_i(t)$：期间产品价格（i=1，2，3）；

s_i：服务水平（i=1，2，3）；

γ_i：工作敏感系数（i=1，2，3）；

e：替代者服务的影响；

η_i：单位服务成本（$i=1,2,3$）；

$\pi_m(t)$：t 阶段制造商利润；

$\pi_r(t)$：t 阶段零售商利润；

h：利润分配率。

6.1.3 利润函数

制造商和零售商以价格作为决策变量。根据 Yao 等（2008）、Zhao 等（2014）和 Sarathi 等（2014）的研究成果、实际竞争情况以及渠道需求受其他渠道产品价格和服务的影响，定义三个通道的需求函数如下：

$$\begin{cases}D_1(t)=a_1-bp_1(t)+kp_2(t)+kp_3(t)+\gamma_1 s_1-es_2-es_3\\D_2(t)=a_2-bp_2(t)+kp_1(t)+kp_3(t)+\gamma_2 s_2-es_1-es_3\\D_3(t)=a_3-bp_3(t)+kp_2(t)+kp_1(t)+\gamma_3 s_3-es_1-es_2\end{cases}\tag{6-1}$$

客户根据价格和服务水平决定从哪个渠道购买产品，更高的服务水平带来更大的成本。根据 Tsay 等（2000）和 Li 等（2018）的研究，服务成本表示如下：

$$c(s_i)=\frac{\eta_i s_i^2}{2}\tag{6-2}$$

为了简化模型，假设制造商的生产成本为零，可以得到三个渠道的盈利功能：

$$\begin{cases}\pi_1(t)=[p_1(t)-w]\ D_1(t)-\dfrac{\eta_1 s_1^2}{2}\\\pi_2(t)=p_2(t)D_2(t)-\dfrac{\eta_2 s_2^2}{2}\\\pi_3(t)=p_3(t)D_3(t)-\dfrac{\eta_3 s_3^2}{2}\end{cases}\tag{6-3}$$

根据合同，制造商和零售商按照比例 h 分享 OSC 利润，可知制造商和零售商的利润功能如下：

$$\begin{cases}\pi_r(t)=[p_1(t)-w]D_1(t)-\dfrac{\eta_1 s_1^2}{2}+h\,\pi_3(t)\\ \pi_m(t)=p_2(t)D_2(t)+w\,D_1(t)-\dfrac{\eta_2 s_2^2}{2}+(1-h)\pi_3(t)\end{cases}\tag{6-4}$$

6.2 模型构建及分析

由式（6-3），可以得到制造商和零售商的边际利润：

$$\begin{cases}\dfrac{\partial\pi_r(t)}{\partial p_1(t)}=a_1-2bp_1(t)+kp_2(t)+(1+h)kp_3(t)-es_2-es_3+\gamma_1 s_1+bw\\ \dfrac{\partial\pi_m(t)}{\partial p_2(t)}=a_2-2bp_2(t)+kp_1(t)+(2-h)kp_3(t)+\gamma_2 s_2-es_1-es_3+kw\\ \dfrac{\partial\pi_m(t)}{\partial p_3(t)}=kp_2(t)-(h-1)[a_3-es_1-es_2-2bp_3(t)+kp_1(t)+kp_2(t)+\gamma_3 s_3]+kw\end{cases}\tag{6-5}$$

制造商和零售商的最优反应函数如下：

$$p_1^*=\frac{-(M_1C_1+M_2C_2+M_3C_3)}{M}$$

$$p_2^*=\frac{-(T_1C_1+T_2C_2+T_3C_3)}{M}$$

$$p_3^*=\frac{-(U_1C_1+U_2C_2+U_3C_3)}{M}$$

其中：

$M=8b^3h+12bk^2-2hk^3-8b^3+4k^3-10bhk^2$,

$M_1=4b^2-4k^2-k^2h^2-4b^2h+4hk^2$,

$M_2=2k^2-h^2k^2+2bk+hk^2-2bhk$,

$M_3=2k^2+2bk-hk^2+2bhk$,

$T_1=2k^2+h^2k^2+2bk-3hk^2$,

$T_2=4b^2-k^2+h^2k^2-4b^2h$,

$T_3=k^2+4bk+hk^2-2bhk$,

$U_1=2k^2+2bk-hk^2-2bhk$,

$U_2=k^2+4bk-hk^2-2bhk$,

$U_3=4b^2-k^2$.

在实际中，市场信息具有更大的商业价值，但制造商和零售商不可能获得所有的市场信息。因此，制造商和零售商理性决策行为有限，他们在前期边际利润的基础上调整决策变量 p_i，使其达到动态均衡状态。当生产商和零售商意识到 t 期边际利润为正时，他们会提高 $t+1$ 期的价格以获得更多的利润；当边际利润为负时，他们会降低 $t+1$ 期的价格。这种调整规则称为有界理性期望规则（BRE）。

BRE 规则广泛应用于描述经济系统中的动态决策过程（Huang 和 Li，2018；Huang 等，2015）。假设制造商和零售商都是有界理性的，他们根据边际利润来决定下一个时期的价格，则制造商和零售商的动态博弈过程可以建模为以下动态非线性系统。

$$\begin{cases}p_1(t+1)=p_1(t)+\alpha_1p_1(t)\ [C_1-2bp_1(t)+kp_2(t)+(1+h)kp_3(t)]\\p_2(t+1)=p_2(t)+\alpha_2p_2(t)[C_2-2b_2p_2(t)+kp_1(t)+(2-h)kp_3(t)]\\p_3(t+1)=p_3(t)+\alpha_3p_3(t)\{C_3+kp_2(t)-(h-1)[-2b_3p_3(t)+kp_1(t)+kp_2(t)]\}\end{cases}\tag{6-6}$$

其中：

$$C_1=a_1-es_2-es_3+\gamma_1s_1+bw,$$

$$C_2=a_2-es_1-es_3+\gamma_2s_2+kw,$$

$$C_3=(1-h)(a_3-es_1-es_2+\gamma_3s_3)+kw,$$

式中α_i（$i=1, 2, 3$）是制造商和零售商价格的调整速度参数，反映了企业代理商的学习和主动管理行为。

6.3 系统（6-6）的稳定性

6.3.1 系统平衡点

与线性系统不同之处在于，非线性系统（6-6）具有多重平衡。设置 $p_i(t+1)=p_i(t)$，可以得到系统（6-6）的八个平衡点：

$E_1=(0,\ 0,\ 0)$,

$E_2=\left(\frac{C_1}{2b},\ 0,\ 0\right)$,

$E_3=\left(0,\ 0,\ \frac{C_3}{2b-2bh}\right)$,

$E_4=\left(0,\ \frac{C_2}{2b},\ 0\right)$,

$E_5=\left(\frac{2C_1b+C_2k}{4b^2-k^2},\ \frac{2C_2b_1+C_1k}{4b^2-k^2},\ 0\right)$,

$E_6=\left(\frac{2C_1bh-C_3hk-2C_1b-C_3k}{4b^2h-h^2k^2-4b^2+k^2},\ 0,\ \frac{-2C_3b-C_1k+C_1hk}{4b^2h-h^2k^2-4b^2+k^2}\right)$,

$E_7=\left(0,\ \frac{-2C_2b(1-h)+C_3k(2-h)}{k^2(4+h^2-4h)+4b^2(h-1)},\ \frac{-2C_3b+C_2k(h-2)}{k^2(4+h^2-4h)+4b_2b_3(h-1)}\right)$,

$E^*=(p_1^*,\ p_2^*,\ p_3^*)$.

6.3.2 平衡点的稳定性分析

由于边界平衡点（$p_i=0$）没有意义，我们推测 E_1、E_2、E_3、E_4、E_5、E_6、E_7是边界平衡点，E^*是唯一的纳什平衡点。证明如下：

系统（6-6）的雅克比矩阵为：

$$J=\begin{bmatrix} J_{11} & k\alpha_1p_1(t) & k\alpha_1(1+h)p_1(t) \\ k\alpha_2p_2(t) & J_{22} & k\alpha_2(2-h)p_2(t) \\ -k\alpha_3(h-1)p_3(t) & k\alpha_3p_3-k\alpha_3(h-1)p_3(t) & J_{33} \end{bmatrix} \tag{6-7}$$

其中：

$$J_{11}=1+\alpha_1[C_1-2bp_1(t)+kp_2(t)+k(1+h)p_3(t)],$$

$$J_{22}=1+\alpha_2[C_2+kp_1(t)-2bp_2(t)+k(2-h)p_3(t)],$$

$$J_{33}=1+\alpha_3\{C_3+kp_2(t)-(h-1)\ [-4bp_3(t)+kp_1(t)+kp_2(t)]\}.$$

E_1 处的特征值为：

$$\lambda_1=1+\alpha_1C_1,$$

$$\lambda_2=1+\alpha_2C_2,$$

$$\lambda_3=1+\alpha_3C_3.$$

由于$D_1(t)>0$，$D_2(t)>0$，$D_3(t)>0$，我们对需求函数进行排序，得到如下表达式：

$$C_1=a_1-es_2-es_3+\gamma_1s_1+bw>bp_1-kp_2-kp_3+bw=bw>0,$$

$$C_2=a_2-es_1-es_3+\gamma_2s_2+kw>bp_2-kp_1-kp_3+kw=kw>0,$$

$$C_3=-(h-1)(a_3-es_1-es_2+\gamma_3s_3)+kw>-(h-1)(bp_3-kp_1-kp_2)+kw$$

$$=kw>0.$$

容易得出结论：$\gamma_1>1$，$\gamma_2>1$，$\gamma_3>1$。E_1 是一个不稳定鞍点。同样，$E_i(i=2,3,4,5,6,7)$可被证明是不稳定鞍点，E^*是唯一纳什平衡点。

在纳什平衡点E^*处，雅克比矩阵为：

$$\boldsymbol{J}(\boldsymbol{E}^*)=\begin{bmatrix} J_{11}^* & k\alpha_1p_1^*(t) & k\alpha_1(1+h)p_1^*(t) \\ k\alpha_2p_2^*(t) & J_{22}^* & k\alpha_2(2-h)p_2^*(t) \\ -k\alpha_3(h-1)p_3^*(t) & k\alpha_3p_3-k\alpha_3(h-1)p_3^*(t) & J_{33}^* \end{bmatrix}$$

$\boldsymbol{J}(\boldsymbol{E}^*)$的特征方程为：

$$f(\lambda)=\lambda^3+A\lambda^2+B\lambda+C \qquad (6-8)$$

其中：

$$A=-J_{11}^*-J_{22}^*-J_{33}^*,$$

$$B=J_{33}^*J_{11}^*+J_{33}^*J_{22}^*+J_{11}^*J_{22}^*-J_{12}^*J_{21}^*-J_{13}^*J_{31}^*-J_{23}^*J_{32}^*,$$

$$C=J_{13}^*J_{31}^*J_{22}^*+J_{23}^*J_{32}^*J_{11}^*-J_{31}^*J_{12}^*J_{23}^*-J_{33}^*J_{11}^*J_{22}^*+J_{33}^*J_{12}^*J_{21}^*-J_{32}^*J_{13}^*J_{21}^*.$$

根据朱里稳定准则，E^*局部稳定性的充分必要条件为：

$$\begin{cases} f(1)>0 \\ (-1)^3 f(-1)>0 \\ |A|<1 \\ |CA-B|<|C^2-1| \end{cases} \tag{6-9}$$

通过求解条件式（6-9），得到系统（6-6）的稳定域。由于这些限制条件非常复杂，求解式（6-9）非常困难。如果纳什平衡点满足式（6-9），可以保证系统（6-6）局部稳定。接下来，可以通过数值模拟给出系统（6-6）的稳定特性。

6.4 数值模拟

本节采用数值模拟方法研究系统（6-6）的动态特性，如稳定区、分岔、混沌和混沌吸引子。根据实际竞争情况，取基本参数值：$a_1=50$，$a_2=55$，$a_3=18$，$b=1.3$，$\eta_1=0.5$，$\eta_2=0.8$，$\eta_3=0.7$，$\gamma_1=0.6$，$\gamma_2=0.4$，$\gamma_3=0.5$，$s_1=2$，$s_2=5$，$s_3=3$，$h=0.6$，$w=17$，$k=0.4$，$e=0.1$，可得$E^*=(44.503, 40.307, 42.320)$。

6.4.1 系统（6-6）稳定区

根据式（6-9）给出的 Jury 稳定准则，图 6-2（a）显示了系统（6-6）的三维稳定区域；这意味着α_1、α_2 和α_3 在三维稳定区域中取值时，系统（6-6）在有限演化后收敛到E^*点，除非外部因素破坏了平衡状态。图 6-2（b）描述了系统（6-6）在$\alpha_3=0.03$ 时的二维稳定区域。当$\alpha_3=0.03$ 时，α_1 和α_2 在二维稳定区取值时，系统（6-6）在有限进化后收敛到E^*点。图 6-3 描述了系统（6-6）在不同的 h 值下三维稳定区域。图 6-4 描述了$\alpha_3=0.02$ 时的二维稳定区域，清晰地反映出α_1 和α_2 的稳定范围会随着 h 的增加而减小，α_3 的稳定范围会随着 h 的增加而增加。因此，零售商应该选择一个合适的分配率，使系统（6-6）处于稳定状态。

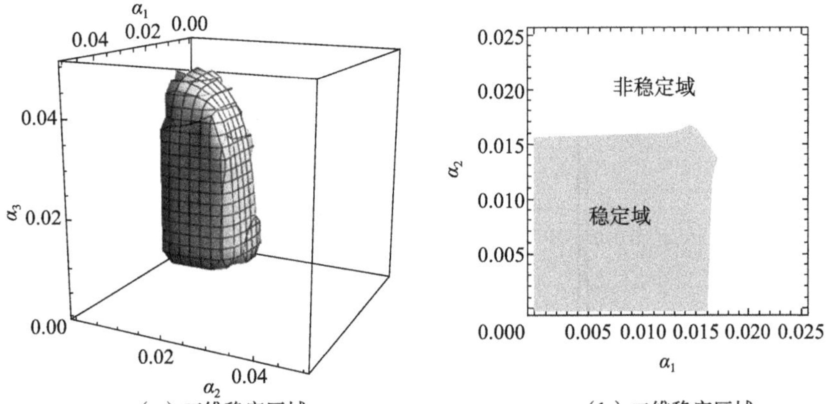

（a）三维稳定区域　　（b）二维稳定区域

图 6-2　系统（6-6）的稳定区域

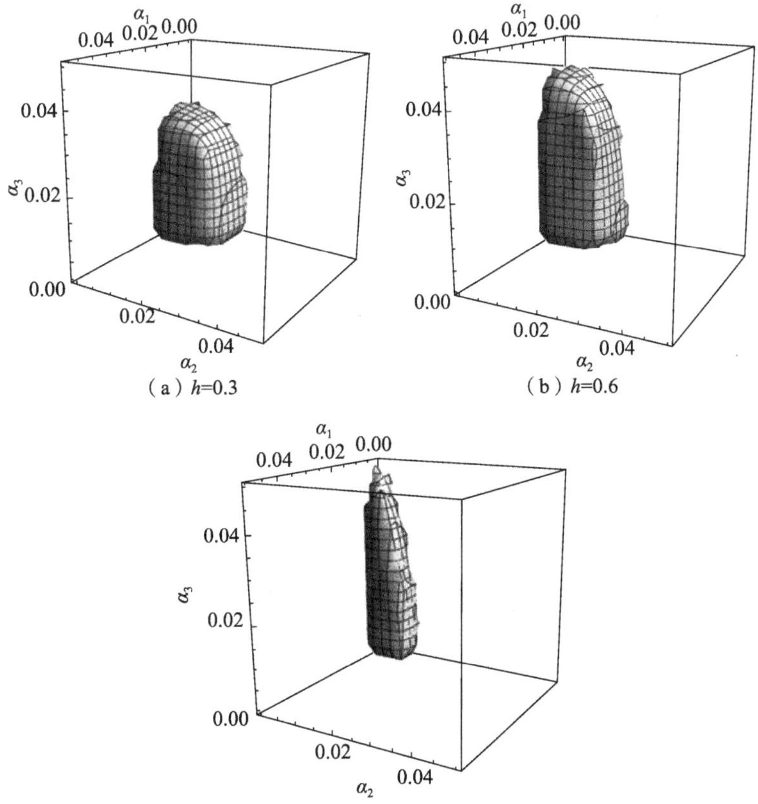

（a）h=0.3　　（b）h=0.6

（c）h=0.9

图 6-3　系统（6-6）的三维稳定区域

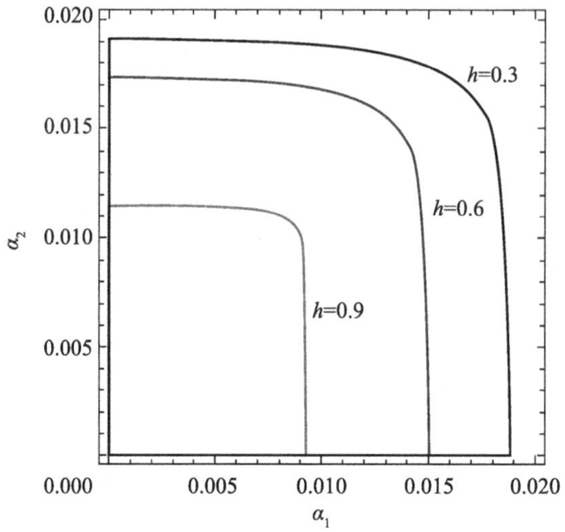

图 6-4　当$\alpha_3=0.02$时，系统（6-6）的稳定区域

6.4.2　价格调整速度对系统稳定性的影响

图 6-5（a）显示了当$\alpha_2=0.015$，$\alpha_3=0.03$，α_1 在 0~0.025 之间变化时系统（6-6）的分叉。当$\alpha_1<0.0175$时，系统（6-6）是稳定的；当$\alpha_1>0.0175$时，系统（6-6）陷入混沌，经历二周期分叉、四周期分叉、八周期分叉等。图 6-5（b）给出了系统（6-6）的相应 LLE；当$\alpha_1<0.0226$，随着α_1 的增长，LLE 变为正，即系统（6-6）进入混沌状态，与图 6-5（a）一致。图 6-5（c）显示了系统（6-6）的熵。当系统(6-6)处于准稳定状态（$\alpha_1<0.0175$），LLE 小于 Z 时，系统熵等于零，同时进行 ERO。一旦系统（6-6）进入翻转分叉阶段（$\alpha_1>0.0175$），系统熵增加。系统（6-6）越混乱，系统（6-6）的熵就越大。

混沌吸引子和对初值的敏感度是系统处于混沌状态时的重要特征。如果吸引子是不动点，则系统处于稳定状态；反之，当吸引子不是一个固定的点周期时，系统处于混沌状态。从分岔、最大李雅普诺夫指数和系统熵可以看出，当$\alpha_1=0.024$，$\alpha_2=0.015$，$\alpha_3=0.03$时，系统（6-6）处于混沌

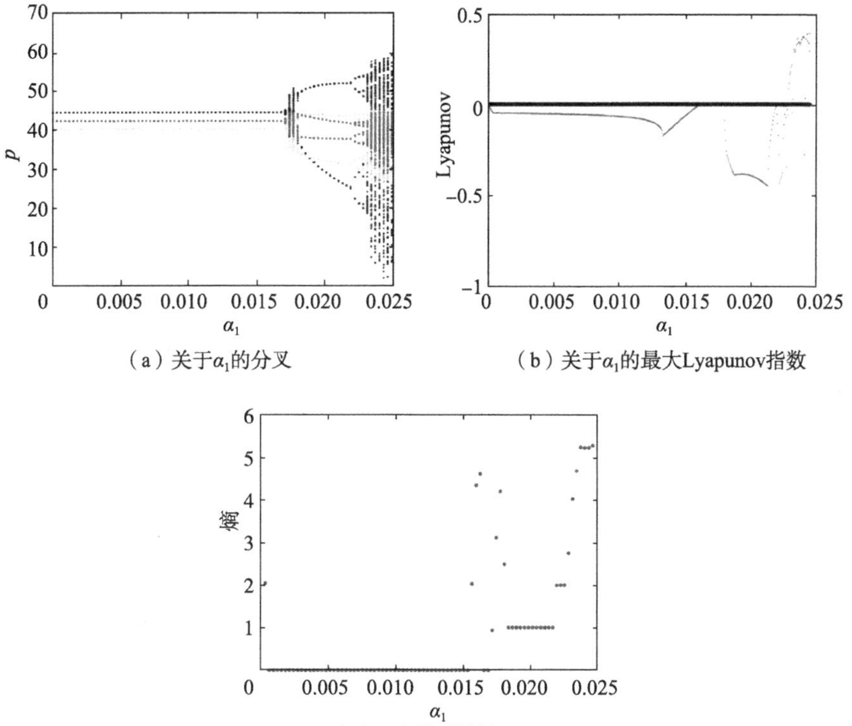

（a）关于α_1的分叉　（b）关于α_1的最大Lyapunov指数

（c）α_1变化时的熵

图 6-5　系统（6-6）的演化过程

状态，混沌吸引子如图 6-6 所示。在混沌状态下，系统（6-6）变得不稳定、复杂。图 6-7 显示了对初值的敏感性，p_1 略有变化。当 p_1 仅改变 0.0001 时，系统（6-6）在大约 17 个迭代周期后呈现显著差异。因此，当系统处于高熵的混沌状态时，初值的微小变化将导致后期决策的巨大差异。通过分析价格调整速度对系统稳定性的影响，可以得出制造商和零售商在进行价格决策时不应过快调整价格；否则系统将陷入高熵的不稳定状态，这对制造商和零售商的正确决策是有害的。由于α_2 和α_3 的变化对系统的影响与α_1 的变化相同，因此本书不做进一步描述。

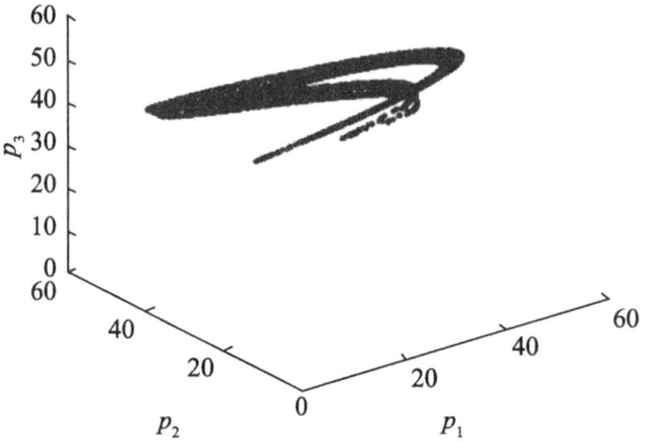

图 6-6　当$\alpha_1=0.024$，$\alpha_2=0.015$，$\alpha_3=0.03$ 时，系统（6-6）的混沌吸引子

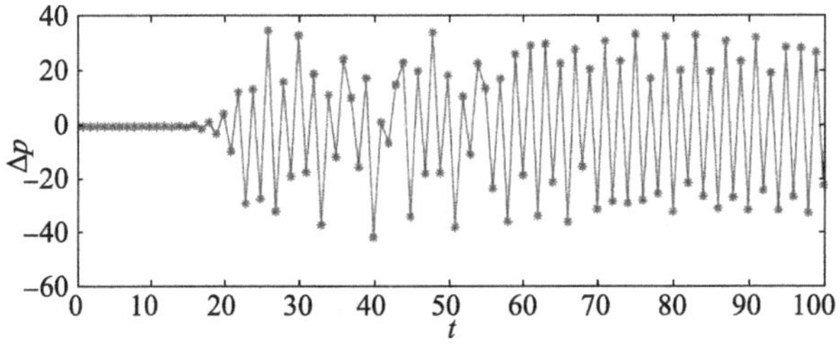

图 6-7　当$\alpha_1=0.024$，$\alpha_2=0.015$，$\alpha_3=0.03$ 时，对系统（6-6）初值的敏感性

6.4.3　服务水平对系统稳定性的影响

图 6-8 显示了α_1 和α_2 随 s_1 变化的稳定区域，可以看出α_1 的稳定范围随着 s_1 的增加而减小，α_2 的稳定范围几乎没有变化。图 6-9 显示了系统随 s_1 和α_1 变化的三维价格演变。当 $s_1=0$ 时，第一次分叉发生在$\alpha_1=0.0162$；当 $s_1=15$ 时，第一次分叉发生在$\alpha_1=0.0158$。我们可以清楚地看到，服务级别越高，系统的分叉越容易发生。当 s_1 从 0 变为 15 时，p_1 从 43.94 增加到 48.79。

综上所述，服务水平对系统的动态稳定特性有明显的影响。高服务水平降低了系统（6-6）的稳定域，使系统（6-6）提前陷入混沌。由于 s_2 和 s_3 的变化对系统的影响与 s_1 相同，此处不做进一步说明。

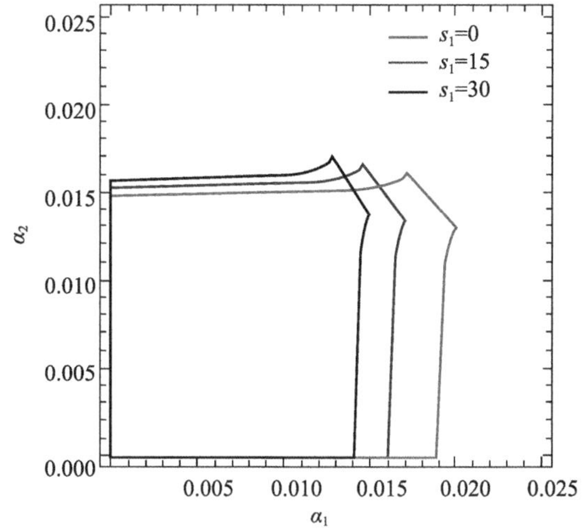

图 6-8　当 $s_1=0$，15，30 时，α_1 和α_2 的稳定区域

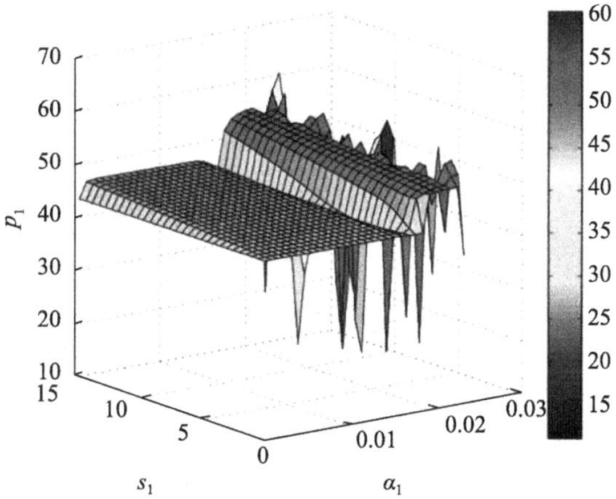

图 6-9　p_1 相对于α_1 和 s_1 的变化

6.4.4　服务水平对系统利润的影响

图 6-10 显示，当系统（6-6）处于稳定状态时，随 s_1 的增加，制造商的利润增加，零售商的利润先增加后减少。这主要是因为 s_1 的增加导致制造商和零售商的需求增加，同时零售商的成本随着 s_1 的增加而增加。零

售商应选择最佳服务水平，以实现利润最大化。

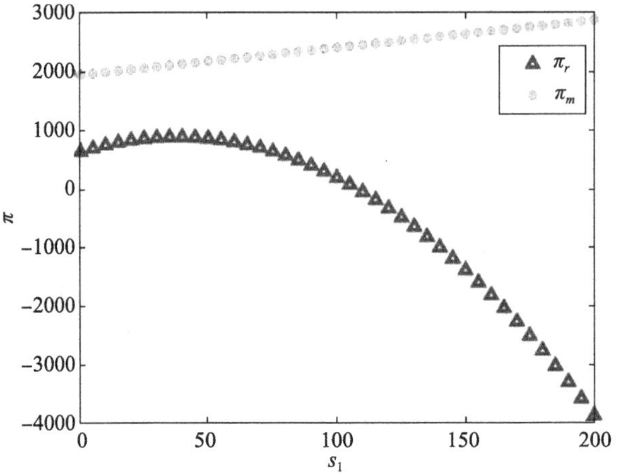

图 6-10　当系统（6-6）处于稳定状态时，相对于 s_1 的利润变化

图 6-11 反映了 s_1 和α_1 对制造商和零售商利润的影响。当 s_1 较高时，随着α_1 的增加，制造商和零售商的赢利状况容易被破坏。当α_1 和 s_1 保持在适当的范围内时，制造商和零售商的利润是稳定的。可见，系统（6-6）在混沌状态下效率明显低于稳态系统。

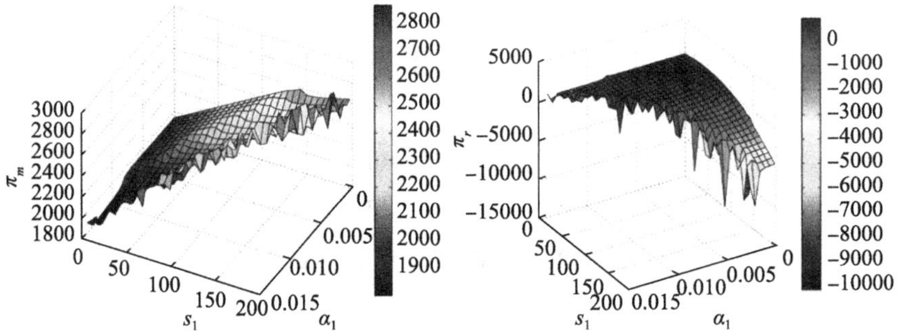

（a）制造商的利润　　（b）零售商的利润

图 6-11　当α_2 = 0.015，α_3 = 0.03 时，利润相对于α_1 和 s_1 的变化

图 6-12 显示，当系统（6-6）处于混沌状态时利润随时间的变化。零售商的利润有明显波动，说明混沌破坏了市场秩序，降低了系统的效率。

由此可以得出结论，服务投入在利润获取中起着重要作用。在市场竞争中，制造商和零售商将参数值保持在适当范围内，有利于系统利润的稳定和提高。

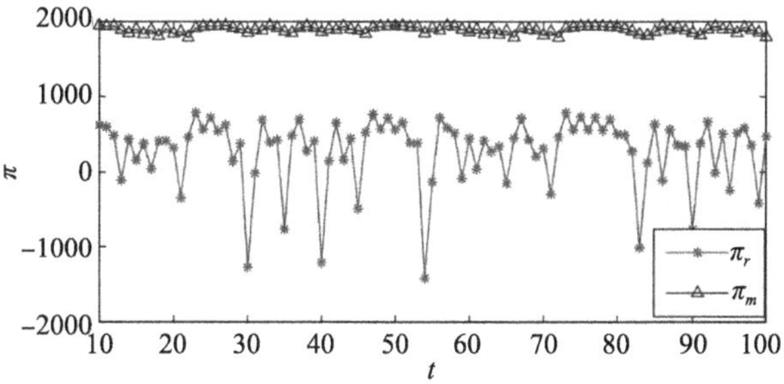

图 6-12　当$\alpha_1=0.024$，$\alpha_2=0.015$，$\alpha_3=0.03$ 时，系统的利润时间序列

6.5 斯塔克尔伯格动态博弈模型

6.5.1 模型构建及分析

本节基于渠道服务，假设制造商和零售商之间存在主从关系，制造商是斯塔克尔伯格的领导者，零售商是追随者。制造商和零售商进行序列动态博弈，博弈均衡为斯塔克尔伯格均衡。在这个游戏中，制造商根据市场信息为直接渠道和“在线商店”做出价格决定 P_2 和 P_3；零售商根据制造商的决定为 P_1 做出决定。客户根据价格和服务水平决定购买产品的渠道。由此，我们可以得到制造商和零售商的利润函数。

利用逆向归纳法，从博弈模型中找出零售商在第二阶段的响应函数，由式（6-2）的一阶条件得到零售商的均衡价格：

$$p_1^*(t)=\frac{C_1+kp_2(t)+(1+h)kp_3(t)}{2b} \tag{6-10}$$

式（6-10）是零售商在 P_2 和 P_3 条件下做出的最优决策，零售商在观察制造商的行为后，即可得到决策。

将式（6-10）代入式（6-4）中，可以通过 P_2 和 P_3 的 π_m^* 一阶条件得到制造商的最优价格。在博弈阶段，最优价格表达了制造商和零售商在各种可能情况下的最优决策。

在决策过程中，制造业和零售业的表现一般，原因是它们无法全面获得市场信息，只能根据本期的边际收益为下一个时期做出决定。制造商和零售商的动态博弈过程可建模为以下动态系统：

$$\begin{cases} p_1(t+1)=p_1(t)+\beta_1 p_1(t)\dfrac{\partial \pi_r[p_1(t),\ p_2(t),\ p_3(t)]}{\partial p_1(t)} \\ p_2(t+1)=p_2(t)+\beta_2 p_2(t)\dfrac{\partial \pi_m^*[p_1(t),\ p_2(t),\ p_3(t)]}{\partial p_2(t)} \\ p_3(t+1)=p_3(t)+\beta_3 p_3(t)\dfrac{\partial \pi_m^*[p_1(t),\ p_2(t),\ p_3(t),]}{\partial p_3(t)} \end{cases} \tag{6-11}$$

其中，$\beta_i>0$，$i=1, 2, 3$ 是 P_1、P_2 和 P_3 的调整系数。根据动态调整过程，我们可以看出价格与价格调整速度、竞争对手的价格及渠道服务有关。

6.5.2 平衡点

设置 $p_i(t+1)=p_i(t)$，可以得到动力系统（6-11）的八个平衡点。由于边界平衡点没有意义，故只考虑纳什平衡点：

$$P^*=\left(\frac{-(C_1H_1+C_2H_2+C_3H_3)}{Q},\ \frac{-(C_2L_1+C_3L_2)}{Q},\ \frac{-(C_2G_1+C_3G_2)}{Q}\right)$$

其中：

$H_1=4b^4-8b^2k^2-h^2k^4-4hb^4-4bk^3+2bhk^3+6b^2hk^2+b^2h^2k^2$,

$H_2=2b^2k^2+2b^3k+bhk^3-2b^3hk+b^2hk^2+bh^2k^3-b^2h^2k^2$,

$H_3=2b^2k^2+2b^3k-bhk^3+2b^3hk-b^2hk^2$,

$L_1=2b^3-bk^2+bh^2k^2-2b^3h$,

$L_2=bk^2+2bk-b^2hk$,

$$G_1=bk^2+2bk-b^2hk,$$

$$G_2=2b^3-bk^2,$$

$$C_2=a_2-es_1-es_3+\gamma_2s_2+\frac{kw}{2}+\frac{kC_1}{2b},$$

$$C_3=wk-(h-1)\left(a_3-es_1-es_2+\gamma_3s_3+\frac{kC_1}{2b}\right)-\frac{wk(h+1)}{2},$$

$$Q=4b^4h-4b^4-b^2h^2k^2-6b^2hk^2+8b^2k^2-2bhk^3+4bk^3+h^2k^4.$$

接下来，我们用朱里稳定准则分析平衡点的稳定特性，并通过数值模拟研究参数值对系统（6-11）稳定性的影响。

6.5.3 数值模拟

本节主要研究系统（6-11）在不同环境下的演化特征，为企业提供管理参照。另外，我们还将系统（6-11）与系统（6-6）相同参数值进行比较，系统（6-11）的平衡值为$P^*=(44.5963, 40.4390, 42.6167)$。

6.5.3.1 系统（6-11）的稳定区域

图6-13（a）显示，当β_1、β_2和β_3在三维稳定区域中取值时，系统(6-11）经过长期演化收敛到平衡点，除非外部因素打破平衡状态。图6-13（b）显示，灰色范围是系统稳定区域，白色范围是系统不稳定区域。当$\beta=0.03$时，可以清楚地看到β_1和β的值可以使系统（6-11）处于稳定状态。

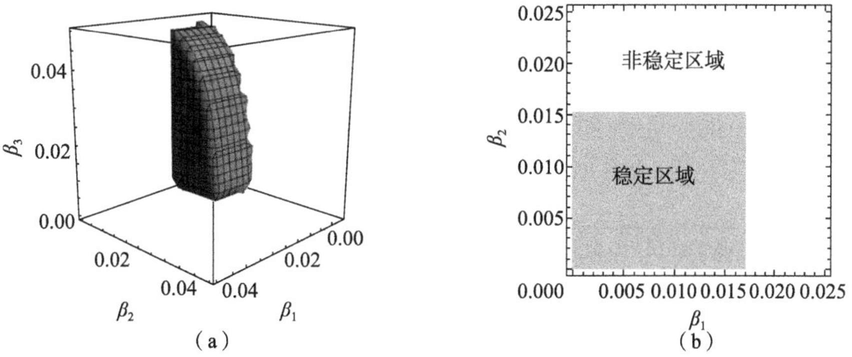

图6-13 系统在纳什平衡点的稳定区域

6.5.3.2 价格调整速度对系统稳定性的影响

图 6-14 反映了 $\beta_2=0.015$，$\beta_3=0.03$ 时，$\beta_1\in 0\sim 0.025$ 系统（6-11）的价格演变过程。如图 6-14 所示，当 $\beta_1\leqslant 0.0175$ 时，制造商和零售商的销售价格稳定，系统熵较低。当 $\beta_1>0.0175$ 时，p_2 不稳定，p_2 和 p_3 仍保持稳定状态，说明零售商的价格调整对制造商的价格演变影响不大。图 6-15 反映了 β_2 和 β_3 变化时系统（6-11）的价格演变过程。可以看到，制造商和零售商的价格通过翻转分叉最终陷入混沌，这说明制造商的价格调整将对零售商的价格演变产生影响。

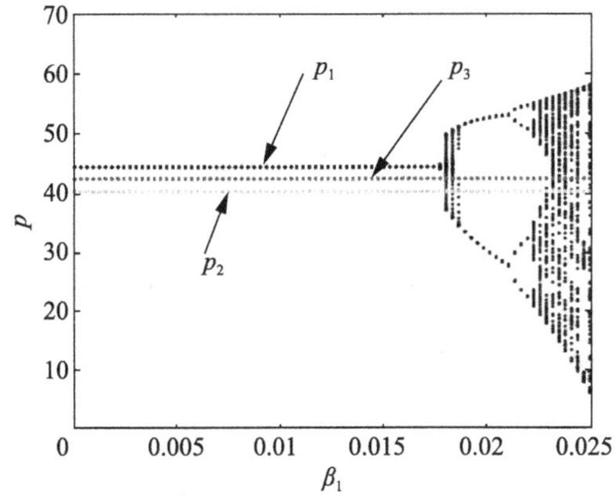

图 6-14 当 $\beta_2=0.015$，$\beta_3=0.03$ 时，系统关于 β_1 的分叉

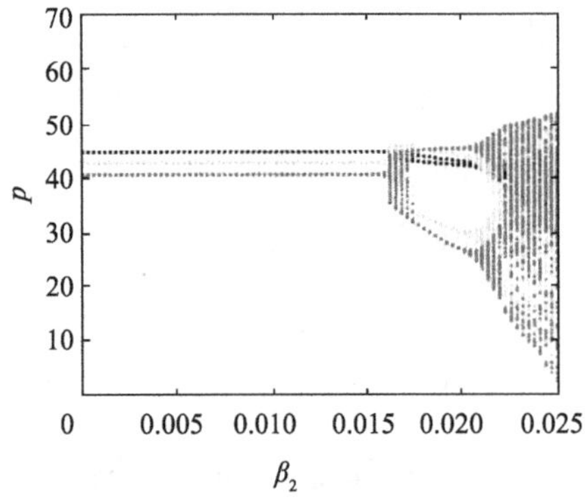

（a） $\beta_1=0.01$，$\beta_3=0.03$

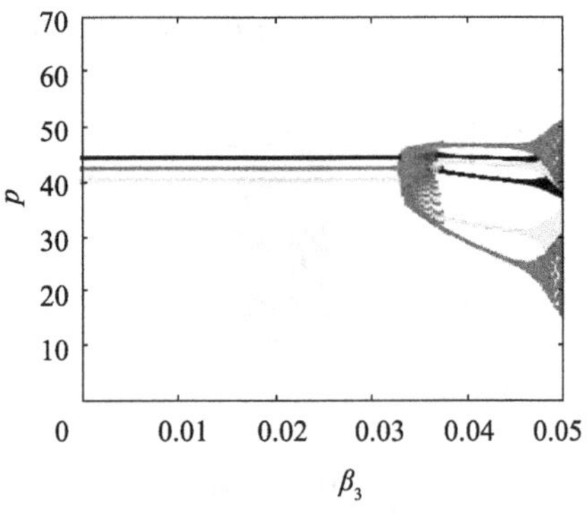

（b） $\beta_1=0.01$，$\beta_2=0.015$

图 6-15 系统（6-11）随 β_2 和 β_3 变化而演化

混沌吸引子和对初始条件的灵敏度依赖性反映了系统的混沌特性。如果吸引子是不动点，则系统处于稳定状态；反之，当吸引子不是一个固定的点周期，系统处于混沌状态。通过以上分析可知，当 $\beta_1=0.001$，$\beta_2=0.024$，$\beta_3=0.03$ 时，系统（6-11）处于混沌状态，其混沌吸引子如图 6-16 所示；系统（6-11）变得复杂，系统（6-11）的动态特性更加明显。图 6-17 反映了决策对初始条件的敏感性和依赖性，当 p_2 仅改变 0.0001 时，系统（6-11）显示出显著差异。可见，当系统处于混沌状态时，即使初值的微小变化也会导致决策产生巨大差异。

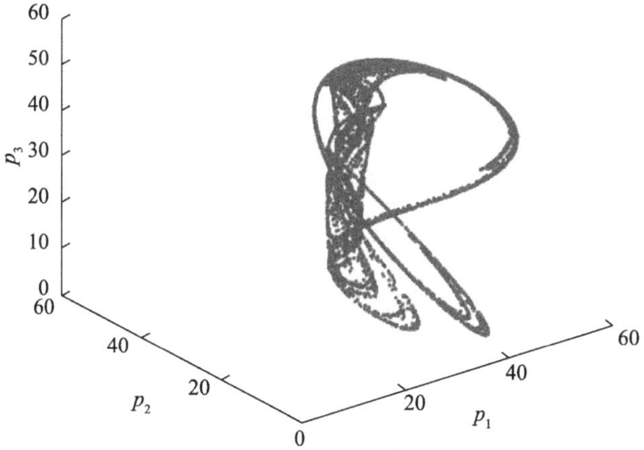

图 6-16 当 $\beta_1=0.001$，$\beta_2=0.024$，$\beta_3=0.03$ 时，系统（6-11）的混沌吸引子

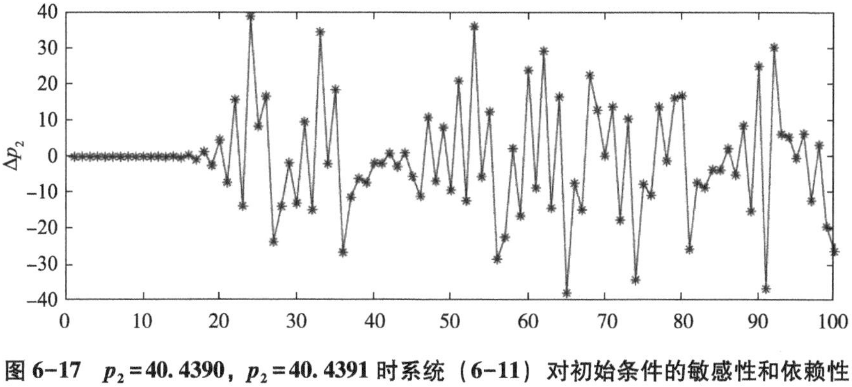

图 6-17 $p_2=40.4390$，$p_2=40.4391$ 时系统（6-11）对初始条件的敏感性和依赖性

总之，零售商的价格调整速度对零售商的价格演变影响较大，对制造商的价格演变影响较小；制造商的价格调整速度对零售商的价格演变影响较大。制造商和零售商在进行价格决策时，不应采取过大的价格调整，速度不应过快，否则系统将陷入高熵的不稳定状态。

6.5.3.3 服务水平对系统稳定性的影响

图 6-18 显示，β_1 和 β_2 的稳定区域随 s_1 的变化，系统(6-11)的稳定区域随 s_1 的增加而减小。图 6-19 反映了系统（6-11）随 s_1 和 β_1 变化的价格演变。当 $\beta_1=0.0177$，$s_1=0$ 时，系统（6-11）发生第一次分叉；当 $\beta_1=0.0165$，$s_1=15$ 时，系统（6-11）发生第二次分叉；当 $S_1=30$ 时，系统（6-11）发生第三次分叉。可以看到，服务级别越高，分叉越容易发生。随着 s_1 的增大，熵逐渐增大，系统陷入混沌。此外，可以发现 s_1 的增加对制造商的价格影响不大，但促使零售商大幅提高价格。

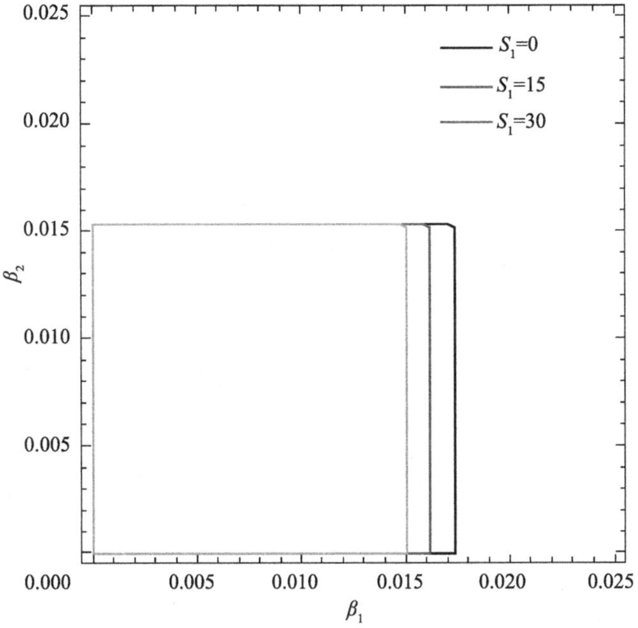

图 6-18　当 $s_1=0$，15 和 30 时，β_1 和 β_2 的稳定区域

重要的是，我们可以得出服务水平对动力学系统（6-11）有明显的影响。高服务水平降低了系统的稳定区域，增加了系统的熵，导致系统（6-11）提前陷入混沌。另外，零售商的服务水平对其自身的价格有很大的影响。

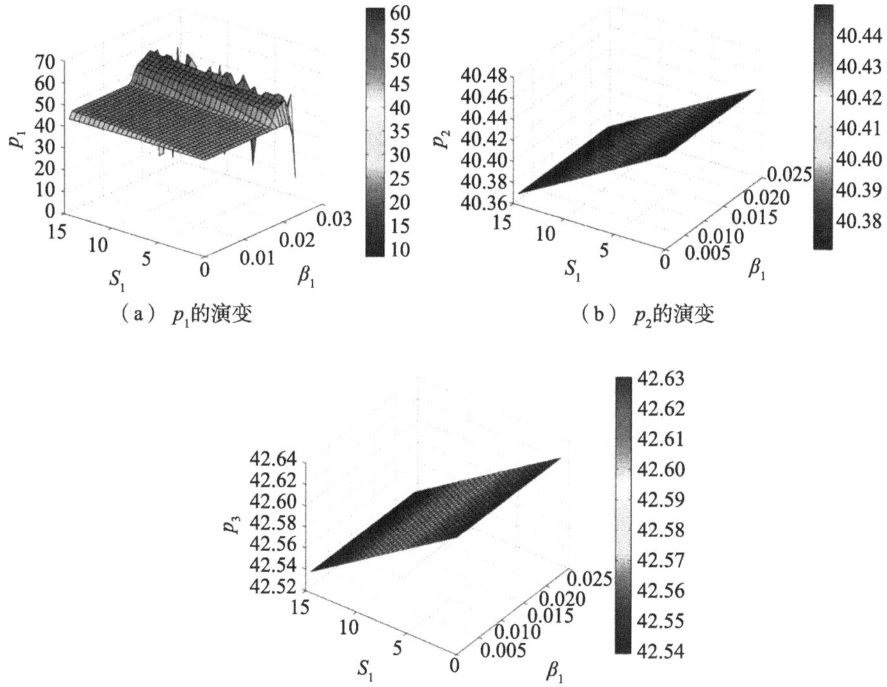

（a）p_1的演变　（b）p_2的演变

（c）p_3的演变

图 6-19　系统（6-11）关于 β_1 和 s_1 的演变

6.5.3.4　服务水平对系统利润的影响

图 6-20 反映了制造商和零售商的利润随服务水平的变化而变化。图 6-20（a）中，制造商的利润先增加，零售商的利润先增加后减少；图 6-20（b）中，零售商的利润先减少，制造商的利润先增加后减少，这与实际情况一致。图 6-20（c）显示，制造商和零售商的利润随 S_3 的增加而减少，这不利于制造商和零售商通过提高 OSC 的服务水平来实现利润最

大化。因为消费者对 OSC 的服务水平不敏感，而服务成本随着服务水平的提高而上升，故制造商应慎重做出服务决策。

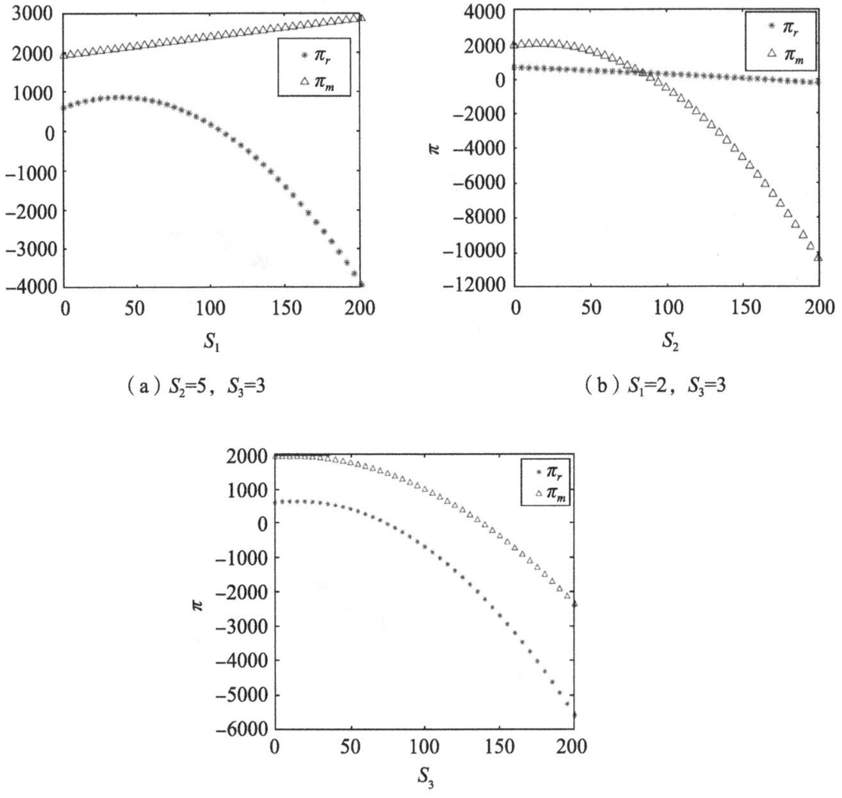

（a）S_2=5，S_3=3　（b）S_1=2，S_3=3　（c）S_1=2，S_2=5

图 6-20　利润基于服务水平的演变

图 6-21 显示，制造商和零售商的利润随 β_1 和 S_1 的变化而变化。当 β_1 和 S_1 保持在适当范围内时，系统利润稳定。随着 β_1 的增加，零售商的利润变得不可预测，最终陷入混乱。可见，混沌系统的有效性明显低于稳态系统的有效性。在斯塔克尔伯格博弈模型下，制造商利润的稳定性不受 s_1 的影响。在市场竞争中，零售商应保持价格调整速度和服务水平在适当的范围内，如此才有利于零售商利润的稳定和提高。

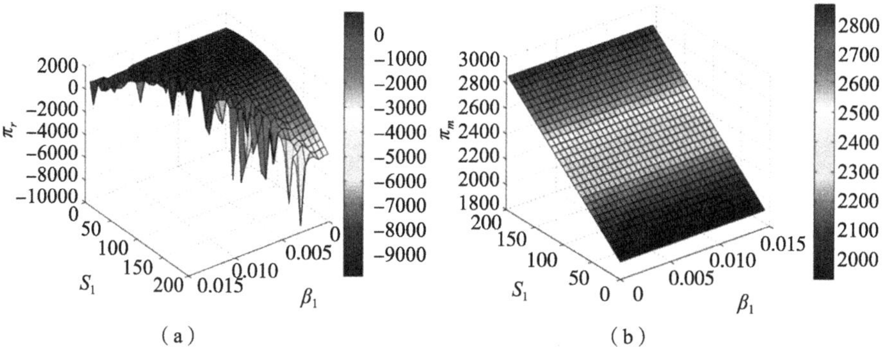

图 6-21　当 $\beta_2=0.015$，$\beta_3=0.03$ 时，利润相对于 β_1 和 s_1 的变化

6.6　本章小结

本章针对由制造商和零售商组成的多渠道供应链，考虑到渠道服务和渠道合作，提出了基于边际利润和 BRE 规则的纳什博弈模型和斯塔克尔伯格博弈模型。本章调查分析了两种动态博弈模型的复杂性特征，研究价格调整速度对系统稳定性的影响，分析服务水平对系统利润和系统稳定性的影响。

通过复杂性分析和实验设计，得出以下重要结论。

（1）服务水平和利润分配率越高，系统的稳定区域越小。

（2）随着价格调整速度的逐渐加快，价格体系变得不稳定，最终陷入混乱。

（3）当制造商或零售商将服务保持在适当水平，有利于其利润最大化。

（4）在纳什博弈模型中，系统的稳定性弱于斯塔克尔伯格博弈模型。

第 7 章

总结与展望

本章主要对全书进行概括总结，分析本书主要研究内容及结论和启示，反思研究的不足及对研究做进一步展望。

7.1 总结

本书在参照国内外学者研究成果的基础上，运用博弈理论、经济学理论和混沌动力学理论，分析考虑创新和服务投入家电企业动态价格博弈模型及复杂动力学现象。本书基于两种博弈情境，基于市场竞争中决策者的行为，分别建立两种双渠道供应链结构模型。本书针对静态和动态两种情境对模型进行分析，并重点分析创新投入量和服务值对动态价格博弈的影响。除此之外，探究了市场长期竞争中存在的复杂动力学现象。把平均效用作为绩效指标，分析系统处于不同状态下系统效用的变化情况。当系统处于混沌状态时，本书对此进行了有效控制。纵观全书，主要成果如下：

（1）在双渠道供应链中，基于制造商对产品的技术创新投入和零售商对传统渠道的服务投入，分别构建了静态基础博弈模型和动态伯川德博弈模型。在静态基础模型中通过推理计算，研究了创新投入量和服务值对最优定价策略的影响；创新投入量和服务值越大，市场的最优定价就越高。在动态博弈模型中，基于系统动力学理论，对价格博弈的动态系统的稳定性进行分析。通过对动态博弈模型存在的四个均衡点分析发现，在市场竞争中只存在一个具有局部稳定的纳什平衡点。利用数值仿真方法，清晰地呈现了制造商创新投入量和零售商服务值对系统稳定区域的影响。通过分岔图，发现价格调整参数过大易使系统陷入混沌状态。在探究系统处于混沌状态对动态定价和决策者效用的影响时，发现混沌现象破坏了市场的稳定，降低了市场的运行效能。过快的价格调整速度将使动态系统陷入混沌状态，且创新投入量和服务值越大，动态系统越会提前进入混沌状态，并发生溢出现象。当制造商的创新投入量和零售商的服务值处在某个合理值时，可以实现供应链效用的最大化。同时，借助分岔图、Lyapunov 指数图、混沌吸引子图和初值敏感性图探究了价格博弈下的动力系统复杂动力学现象。最后在混沌现象的控制方面，比较了参数控制和自适应控制两种混沌控制方法，发现自适应控制法对混沌市场的复原情况较理想。

（2）在由一个制造商和一个零售商构成的双渠道供应链中，制造商不仅考虑产品技术创新投入，还考虑直销渠道的服务投入；同时，零售商也进行渠道服务投入。基于以上因素，考虑不确定需求下决策者的风险规避行为，本书构建了静态博弈模型，并对模型进行分析。在最优创新投入条件下，构建动态价格博弈模型。本书主要分析了静态模型中风险规避态度对最优决策的影响。制造商和零售商在动态的市场博弈过程中，存在两个不稳定的鞍点，只存在唯一纳什平衡点。此外，数值仿真中分析了系统的复杂性特征，如混沌吸引子、初值敏感性等。通过对稳定域的分析，发现服务值越大系统的稳定域越小；同时，渠道服务值的增加，只会缩小渠道的价格决策空间，对存在竞争关系的渠道价格决策不产生影响。有关服务值对系统动态行为的影响研究发现渠道的服务值越大，会导致动态博弈系统提前发生分岔，并使系统提前进入混沌状态。通过平均效用图发现，当市场处于混沌状态时，对制造商的系统效能造成损害，但零售商的效能提高。最后，通过控制方法使混沌市场恢复了秩序。

（3）构建多渠道动态服务博弈模型，研究结果表明，随着服务弹性系数的增大，多渠道供应链系统的稳定性减弱，而零售商的反馈参数调整几乎不影响系统的稳定性。如果制造商快速调整服务决策，系统进入混沌状态，系统的平均利润呈现下降趋势，系统的熵增加。BOPS 渠道加强了制造商和零售商之间的合作，缓和了线上渠道、线下渠道之间的冲突。在混沌状态下，服务输入难以预测，系统熵较大，制造商和零售商需要获取更多的信息来熟悉市场环境。利用反馈控制方法，可以有效地延迟或消除混沌系统，使制造商和零售商之间相互配合，有利于防止和控制混沌。

（4）在线存储渠道的多渠道供应链纳什博弈模型和斯塔克尔伯格博弈模型中，服务水平和利润分配率越高，系统的稳定域越小。当经营者快速调整价格决策时，系统进入混沌状态，系统的熵增加；当制造商或零售商以有利于实现利润最大化的适当价值保持服务水平时，系统的熵增加。制造商应谨慎设定在线存储渠道的服务水平，以确保系统的利润。在纳什博弈模型中，系统的稳定性比斯塔克尔伯格博弈模型弱。

在日新月异的今天，同质化的产品已经远远满足不了不断变化的市场需求。相比以前，消费者对产品和服务的要求越来越高，对产品的个性化（外观）、智能化要求日渐提高。在产品服务方面，人们对服务的质量要求也越来越高。这种市场环境下，对家电企业或家电零售企业来说，其只能不断地提高产品的科技水平，不断提高产品的服务水平。但同时制造商对产品进行创新投入时不得不谨慎；零售商进行服务投入也应该持谨慎态度。因为制造商和零售商在市场上进行价格博弈时，其最优定价受创新投入量和服务值的影响。过高的创新投入量和服务值将致使产品的价格提高，从而影响市场的需求，进而招致难以预料的损失。而适当的创新投入量和服务投入值有助于制造商和零售商获得最大的效用。面对动态变化的市场环境，制造商和零售商在做下一期价格决策时，应合理确定价格调整速度。在竞争中，决策者不应该为了追求更大的市场利润忽略市场的稳定性。过快调整价格，致使市场陷入混沌状态，得不偿失。

因此，任何行业、任何企业在进行创新和服务投入时，都应考虑各种因素对价格决策的影响，不能为了追求一己之私而破坏市场的竞争秩序。

7.2 研究展望

本书基于博弈理论和非线性动力学理论对相关问题进行了数学建模，通过数值仿真方法分析了双渠道供应链中家电企业的创新和服务因素对其价格博弈的影响。价格博弈一直是学术界研究的热点，该问题的复杂性主要表现在企业的价格决策不仅受企业自身因素的影响，同时受企业外部环境的影响，如国家政策、竞争者决策等。虽然本书考虑了两种因素对企业价格博弈的影响，但所构建的博弈模型与市场实际情况还存有一定差距。为了更贴近市场实际环境，研究还可以在以下几个方面做进一步改进：

（1）本书研究了由制造商和零售商构成的两级供应链，但并没有考虑由制造商的供应商构成的三级供应链情况。现实中供应链是一个复杂的网链结构，供应链的参与者往往是多样化的，所以研究由多成员构成的供应链价格博弈问题及其复杂动力学现象是必要的。

（2）本书市场需求函数的构造仅仅考虑了线性需求，在复杂的市场环境中，对市场的需求并不仅为线性需求，市场需求函数更多表现为非线性关系。在今后的研究中应考虑市场非线性需求或随机性。

（3）在双渠道供应链的基础上可以研究制造商主导或零售商主导的闭环供应链价格博弈问题。除此之外，还可以考虑闭环供应链中有参考价格的企业价格博弈问题。

（4）本书的一些假设限制了模型的深入研究，应使模型更接近市场场景。例如，考虑服务对渠道需求的交互作用的模型更接近实际情况。在多渠道供应链中，制造商和零售商之间的其他权力结构应该考虑在内，因为这会影响当前的结果是否成立。制造商和零售商的其他决策目标也应该考虑。

（5）在数值模拟部分，本书参数的赋值是根据市场竞争状况的经验数值，虽然能够揭示创新投入量和服务值对市场价格博弈的影响，但是缺乏针对性。如果采用实证研究数据，可使研究更加贴近市场的真实情况。

虽然本研究所建立的供应链博弈模型跟现实市场运行情况有一定的差距，但相信后续的研究一定能够开拓创新，为企业提供更多的决策参考。

参考文献

[1] 张国良，陈宏民．关于组织创新性与创新能力的定义、度量及概念框架 [J]. 研究与发展管理，2007，19 (1)：42-50.

[2] FONTANA R，NESTA L. Product Innovation and Survival in a High-Tech Industry [J]. Review of Industrial Organization，2009，34 (4)：287-306.

[3] 戴霄晔，刘涛，王铮．面向产业创业创新政策模拟的 ABS 系统开发 [J]. 复杂系统与复杂性科学，2007，4 (2)：62-70.

[4] WANG C H，LU Y H，HUANG C W，et al. R & D，productivity and market value：An empirical study from high-technology firms [J]. Omega，2013，41 (1)：143-155.

[5] 张廷海，韩玮．产业集群协同创新的博弈均衡研究 [J]. 科学管理研究，2014 (3)：64-67.

[6] HASNAS I，LAMBERTINI L，PALESTINI A. Open Innovation in a dynamic Cournot duopoly [J]. Economic Modelling，2014，36 (1)：79-87.

[7] 马家喜，仲伟俊，梅姝娥．不确定环境下基于 Bertrand 竞争的企业创新模式比较研 [J]. 管理工程学报，2010，24 (1)：152-157.

[8] 陈圻，王强．基于产品功能演化与创新的伯川德均衡模型 [J]. 系统工程，2012 (2)：9-14.

[9] 吴可菲，马军海．异质双寡头 R&D 竞争的复杂性分析 [J]. 复杂系统与复杂性科学，2013 (1)：68-74.

[10] 晋盛武，沈丹婷，庄德林．渠道与产品差异下的供应链技术创

新协同策略［J］. 技术经济，2016，35（3）：123-130.

［11］朱宾欣，马志强，吴宁，等．原制造商专利保护对再制造供应链技术创新策略的影响［J］. 计算机集成制造系统，2018，24（09）：2329-2340.

［12］CHOAB R K. Supply chain coordination with downstream operating costs：Coordination and investment to improve downstream operating efficiency［J］. European Journal of Operational Research，2005，162（3）：762-772.

［13］田巍，蒋侃，王东红．信息不对称下混合渠道零售商创新投入的供应链影响研究［J］. 运筹与管理，2014（2）：82-88.

［14］张红，张凤武，周智雄．创新成本共担期权契约下损失厌恶型零售商主导的供应链协调研究［J］. 工业技术经济，2018，37（04）：22-29.

［15］LI T，MA J. The complex dynamics of R & D competition models of three oligarchs with heterogeneous players［J］. Nonlinear Dynamics，2013，74（1-2）：45-54.

［16］蔡洪文，张旭辉．零售商主导下供应链成员单方面创新期权契约研究［J］. 中国管理科学，2012（S2）：608-614.

［17］李柏勋，谢洁燕．考虑溢出效应的竞争供应链创新投入与契约策略研究［J］. 科技通报，2017，33（6）：32-37.

［18］李晓静，艾兴政，唐小我．基于供应链竞争的技术创新价值与溢出效应［J］. 系统工程学报，2017（6）：808-817.

［19］ROHM A J，SWAMINATHAN V. A typology of online shoppers based on shopping motivations［J］. Journal of Business Research，2004，57（7）：748-757.

［20］KAYA M. Essays in supply chain contracting：dual channel management with service competition and quality risk in outsourcing［D］. California：Stanford University，2006.

[21] DUMRONGSIRI A, FAN M, JAIN A, et al. A supply chain model with direct and retail channels [J]. European Journal of Operational Research, 2008, 187 (3): 691-718.

[22] 肖剑，但斌，张旭梅. 双渠道供应链电子渠道与零售商合作策略研究 [J]. 系统工程学报，2009，24 (6): 673-679.

[23] DAN B, XU G, LIU C. Pricing policies in a dual-channel supply chain with retail services [J]. International Journal of Production Economics, 2012, 139 (1): 312-320.

[24] 王春苹. 面向异质消费者的寡头零售企业信息产品与服务定价 [D]. 天津大学，2015.

[25] 许明星，王健. 基于服务策略的双渠道供应链定价研究 [J]. 软科学，2014，28 (5): 111-114.

[26] 张旭梅，范乔凌，王大飞，等. 基于网络外部性的电信供应链产品和服务捆绑定价均衡分析 [J]. 系统管理学报，2018 (2)，27 (02): 366-373.

[27] FANG ZHANG, CONG WANG. Dynamic pricing strategy and coordination in a dual-channel supply chain considering service value [J]. Applied Mathematical Modelling, 2018, 54: 722-742.

[28] 郑晨，艾兴政，李晓静，等. 竞争零售商的供应链延保服务两部定价合同选择 [J]. 系统工程学报，2018，33 (05): 100-112.

[29] 杨浩雄，孙丽君，孙红霞，等. 服务合作双渠道供应链中的价格和服务策略 [J]. 管理评论，2017，29 (05): 183-191.

[30] 范辰，刘咏梅，陈晓红. 考虑向上销售和渠道主导结构的 BOPS 定价与服务合作 [J]. 中国管理科学，2018，26 (3): 101-108.

[31] PROTOPAPPA-SIEKE M, SIEKE M A, THONEMANN U W. Optimal two-period inventory allocation under multiple service level contracts [J]. European Journal of Operational Research, 2016, 252 (1): 145-155.

[32] SADJADI S J, ASADI H, SADEGHIAN R, et al. Retailer Stackelberg game in a supply chain with pricing and service decisions and simple price discount contract. [J]. Plos One, 2018, 13 (4): e0195109.

[33] 浦徐进，李栋栋，孙书省．考虑实体店服务效应的双渠道供应链协调机制 [J]. 系统管理学报，2018，27 (04): 164-171.

[34] 张学龙，覃滢檝，王军进，等．考虑价格和服务水平竞争的垂直双渠道供应链决策模型 [J]. 控制与决策，2018，33 (04): 687-697.

[35] 范丹丹，徐琪，王文杰．考虑线上线下需求迁移下的供应链O2O最优服务决策研究 [J]. 中国管理科学，2017 (11): 22-24.

[36] 掌曙光，但斌，王大飞．销售服务集成商提供售后服务的产品服务供应链能力决策 [J]. 系统管理学报，2018，27 (03): 183-190.

[37] LI Q H, LI B. Dual-channel supply chain equilibrium problems regarding retail services and fairness concerns [J]. Applied Mathematical Modelling, 2016, 40 (15-16): 7349-7367.

[38] ZHOU Y W, GUO J, ZHOU W. Pricing/service strategies for a dual-channel supply chain with free riding and service-cost sharing [J]. International Journal of Production Economics, 2018, 196: 198-201.

[39] JENA S K, SARMAH S P. Price and service co-opetiton under uncertain demand and condition of used items in a remanufacturing system [J]. International Journal of Production Economics, 2016, 173: 1-21.

[40] 李伟，李凯，安岗．考虑渠道势力与服务负溢出效应的双渠道供应链决策研究 [J]. 管理学报，2017，14 (5): 767-774.

[41] 黄鹏飞．双渠道供应链零售商服务溢出效应研究 [D]. 南京：东南大学，2017.

[42] 李习栋，马士华．考虑风险态度和服务溢出效应双渠道供应链下制造商市场策略 [J]. 工业工程与管理，2018，23 (05): 88-94.

[43] 刘国伟．双渠道供应链中定价与服务策略研究 [D]. 天津：天

津大学，2018.

[44] 刘峰，李亚光，王宏兴．非线性需求下四寡头价格博弈模型及其复杂特性 [J]. 系统工程学报，2016，31（06）：719-728.

[45] 计国君，孙忠锋．考虑参照价格效应及异质性消费者的预售决策 [J]. 系统工程理论与实践，2018，38（12）：3059-3070.

[46] 潘林，周水银．考虑捆绑销售的多产品供应链定价策略 [J]. 运筹与管理，2016，25（06）：11-17.

[47] 赵静，肖亚倩．不同渠道偏好和运营成本下双渠道闭环供应链定价决策研究 [J]. 运筹与管理，2018，27（12）：108-114.

[48] 赵静，朱昆．制造商和零售商同时开辟线上渠道线下渠道竞争与定价决策 [J]. 系统工程学报，2018，33（06）：834-844.

[49] 高举红，李梦梦，霍帧．市场细分下考虑消费者支付意愿差异的闭环供应链定价决策 [J]. 系统工程理论与实践，2018，38（12）：3071-3084.

[50] 王天宇，南国芳，陈林．考虑消费者偏好的网络游戏产品动态定价策略 [J]. 系统工程学报，2019，34（01）：1-11.

[51] 刘名武，廖艾琳，赵文平．考虑不同定价策略的低碳供应链决策研究 [J]. 数学的实践与认识，2018，48（20）：65-76.

[52] 王晶，司凤山．一类低碳产品时滞价格博弈模型的稳定性分析及控制 [J]. 沈阳大学学报（自然科学版），2018，30（05）：372-376.

[53] XU CHEN，SHUYAO WU，XIAOJUN WANG，et al. Optimal pricing strategy for the perishable food supply chain [J]. International Journal of Production Research，2019，57（9）.

[54] 胡韩莉，曹裕，李青松．考虑捐赠行为的食品动态定价策略研究 [J]. 中国管理科学，2019，27（01）：99-109.

[55] 樊双蛟，王旭坪．考虑退货的定价和订货优化及信息发布美化策略 [J]. 中国管理科学，2019，27（03）：116-127.

[56] J. FORRESTER. Industrial Dynamics: A Major Breakthrough for Decision-makers [J] . Harvard Business Review, 36 (1958): 37-66.

[57] STERMAN, JOHN D. Modeling Managerial Behavior: Misperceptions of Feedback in a Dynamic Decision Making Experiment [J]. Management Science, 1989, 35 (3): 321-339.

[58] MOSEKILDE E, LARSEN E R. Deterministic chaos in the beer production-distribution model [J]. System Dynamics Review, 1988, 4 (1-2): 131-147.

[59] ELABBASY E M, AGIZA H N, ELSADANY A A. Analysis of nonlinear triopoly game with heterogeneous players [J]. Computers & Mathematics with Applications, 2009, 57 (3): 488-499.

[60] 巩永华，李帮义. 不同博弈构式下三寡头差异化竞争和歧视定价策略 [J]. 系统工程，2010，28 (4): 59-63.

[61] 王冠辉. 一类生产商主导的供应链产量博弈模型及复杂动力学研究 [D]. 天津：天津大学，2011.

[62] Elsadany A A. Dynamics of a delayed duopoly game with bounded rationality [J]. Mathematical & Computer Modelling, 2010, 52 (9): 1479-1489.

[63] 王晶，王寻. 受约束供应链模型的复杂动力学行为 [J]. 系统工程理论与实践，2012，32 (04): 746-751.

[64] ZHANG J, MA J. Research on the price game model for four oligarchs with different decision rules and its chaos control [J]. Nonlinear Dynamics, 2012, 70 (1): 323-334.

[65] MA J, PU X. Complex Dynamics in Nonlinear Triopoly Market with Different Expectations [J]. Discrete Dynamics in Nature and Society, 2011, 2011: 1-12.

[66] HWARNG H B, YUAN X. Interpreting supply chain dynamics: A quasi-chaos perspective [J]. European Journal of Operational Research, 2014,

233 (3): 566-579.

[67] GUO Y, MA J. Research on game model and complexity of retailer collecting and selling in closed-loop supply chain [J]. Applied Mathematical Modelling, 2013, 37 (7): 5047-5058.

[68] 谢磊，马军海．中国废旧家电回收市场稳定性及其应用研究［J］. 复杂系统与复杂性科学，2015，12（3）：96-109.

[69] 王琦玮，赵刘威，梅强，等．双寡头 Bertrand 博弈模型动态分析与混沌控制［J］. 统计与决策，2017（21）：38-41.

[70] TIAN Y, MA J, LOU W . Research on supply Chain stability driven by consumer's channel preference based on complexity theory [J]. Complexity, 2018, 2018: 1-13.

[71] ELSADANY A A, AWAD A M. Dynamics and chaos control of a duopolistic Bertrand competitions under environmental taxes [J]. Annals of Operations Research, 2018 (2): 1-30.

[72] 谢识予．经济博弈理论［M］. 上海：复旦大学出版社，2008.

[73] DAFOUZ J, RIEDINGER P, IUNG C. Stability analysis and control synthesis for switched systems: a switched Lyapunov function approach [J]. IEEE Transactions on Automatic Control, 2002, 47 (11): 1883-1887.

[74] WU G, BALEANU D. Jacobian matrix algorithm for Lyapunov exponents of the discrete fractional map [J]. Communications in Nonlinear Science and Numerical Simulation, 2015, 22 (1-3): 95-100.

[75] LI T Y, YORKE J A. Period Three Implies Chaos [J]. American Mathematical Monthly, 1975, 82 (10): 985 - 992.

[76] 丁锋，霍佳震．服务水平对双渠道供应链协调策略影响研究［C］. 中国管理科学学术年会 . 2014.

[77] JUNHAI M, XINYAN S, LEI L. Measurement on the complexity entropy of dynamic game models for innovative enterprises under two kinds of gov-

ernment subsidies [J]. Entropy, 2016, 18 (12): 424.

[78] 林志炳. 基于利他属性的双渠道供应链研究 [J]. 中国管理学, 2014, 22 (12): 126-134.

[79] HSIEH CC, CHANG Y. L., WU C. H. Competitive pricing and ordering decisions in a multiple-channel supply chain [J]. International Journal of Production Economics. 2014, 154, 156-165.

[80] LIU K, ZHOU Y, ZHANG Z. Capacitated location model with online demand pooling in a multi-channel supply chain [J]. European Journal of Operational Research, 2010, 207, 218-231.

[81] LANG, G. Multi-Channel Retail Supply Chain Management: Fulfillment systems in Multi-Channel Retailing—Customer Expectations and Economic Performance [C]. In Proceedings of the 8th International Research Conference in Logistics and Supply Chain Management (RIRL), Journal de Theorie des Nombres de Bordeaux, France, 2010: 1-25.

[82] BREUGELMANS E, CAMPO K. Cross-Channel Effects of Price Promotions: An Empirical Analysis of the Multi-Channel Grocery Retail Sector [J]. Journal of Retailing, 2016 (92): 333-351.

[83] MATSUI, K. When and what wholesale and retail prices should be set in multi-channel supply chains? [J]. European Journal of Operational Research, 2018 (267): 540-554.

[84] YU L J., LI X, ZHU A M. Coordination Pricing in Multi-Channels Supply Chain with Asymmetric Demand Information [J]. Operations Research and Management Science, 2015 (2): 006.

[85] ESMAEILZADEH A., TALEIZADEH A. A. Pricing in a two-echelon supply chain with different market powers: Game theory approaches [J]. European Journal of Industrial Engineering, 2016 (12): 119-135.

[86] LI J., ZHANG W., WU J. Research on the Pricing of Multi-

Channel Supply Chain under the Competition between the Traditional Brand and the Net Goods Brand [J]. Journal of Industrial Technological Economics, 2017, 36 (3): 107-115.

[87] DAN B., ZHENJING Q. U., LIU. C, et al. Priceing Decision and Equilibrium Analysis in the Multi-Channel Supply Chain with the Strong Retailer [J]. Journal of Systems Management, 2016 (25): 556-570.

[88] MA J., LOU W. Complex Characteristics of Multichannel Household Appliance Supply Chain with the Price Competition [J]. Complexity, 2017, 2017, 4327069.

[89] BAI Q. G., XU X. H., PAN W. Joint pricing and inventory model for deteriorating items multi-channel distribution system [J]. European Journal of Industrial Engineering. Engineering Management Journal. 2017, 31 (3): 84-92.

[90] CAI G., DAI Y., ZHANG W. Modeling Multichannel Supply Chain Management with Marketing Mixes: A Survey [M]. Beijing; Social Science E-lectronic Publishing, 2015.

[91] DU K. The impact of multi-channel and multi-product strategies on firms'risk-return performance [J]. Decision Support Systems, 2018 (109): 27-38.

[92] HÜBNER A., HOLZAPFEL A., KUHN H. Operations management in multi-channel retailing: An exploratory study [J]. Journal of Operations Managementresearch, 2015 (8): 84-100.

[93] LUO M. L., LI G., ZHANG W. Channel Integration Strategy Based on E-coupon in a Multi-channel Supply Chain [J]. Operations Research Management Science, 2017 (26): 192-199.

[94] REN L., HE Y., SONG H. Price and Service Competition of Dual-Channel Supply Chain with Consumer Returns [J]. Discrete Dynamics In Nature And Society, 2014, 2014 (56): 5603.

[95] PEI, Z., YAN R. Do channel members value supportive retail services? Why? [J]. Journal of Business Research, 2015 (68): 1350-1358.

[96] LI Q. H., LI B. Dual-channel supply chain equilibrium problems regarding retail services and fairness concerns [J]. 904XApplied Mathematical Modelling, 2016 (40): 7349-7367.

[97] PROTOPAPPA-SIEKE M., SIEKE M. A., Thonemann, U. W. Optimal two-period inventory allocation under multiple service level contracts [J]. European Journal of Operational Research, 2016 (252): 145-155.

[98] ZHOU Y. W., GUO J., ZHOU W. Pricing/service strategies for a dual-channel supply chain with free riding and service-cost sharing [J]. International Journal of Production Economics, 2018 (196): 198-210.

[99] SADJADI S. J., ASADI H., SADEGHIAN R. Retailer Stackelberg game in a supply chain with pricing and service decisions and simple price discount contract [J]. Plos One, 2018 (13): e0195109.

[100] CHEN M., HU Q., WEI H. Interaction of after-sales service provider and contract type in a supply chain [J]. International Journal of Production Economics, 2017 (193): 514-527.

[101] JENA S. K., SARMAH S. P. Price and service co-opetiton under uncertain demand and condition of used items in a remanufacturing system [J]. International Journal of Production Economics, 2016 (173): 1-21.

[102] ZHANG F., WANG C. Dynamic pricing strategy and coordination in a dual-channel supply chain considering service value [J]. Applied Mathematical Modelling, 2017 (54): 722-742.

[103] MA J., LI T., REN W. Research on the Complexity of Dual-Channel Supply Chain Model in Competitive Retailing Service Market [J]. International Journal of Bifurcation And Chaos, 2017 (27): 1750098.

[104] GHOSH S. K. Optimal Pricing Strategy of a Two-Echelon Supply

Chain Consisting of One Manufacturer and Two Retailers with Price and Service Sensitive Demand [J]. International Journal of Applied Computational Mathematics, 2018 (4): 1.

[105] HARRÉ M. S., BOSSOMAIER T. Strategic islands in economic games: Isolating economies from better outcomes [J]. Entropy, 2014 (16): 5102-5121.

[106] DAJKA J., ŁOBEJKO M., SŁADKOWSKIJ. Payoffs and Coherence of a Quantum Two-Player Game in a Thermal Environment [J]. Entropy, 2015 (17): 7736-7751.

[107] HUANG Y., CHEN X., LI Q, et al. The complexity and entropy analysis for service game model based on different expectations and optimal pricing [J]. Entropy, 2018, 20 (11): 858.

[108] HAN Z., MA J., SI. F. Entropy Complexity and Stability of a Nonlinear Dynamic Game Model with Two Delays [J]. Entropy, 2016 (18): 317.

[109] LEVNER E., PTUSKIN A. Entropy-based model for the ripple effect: Managing environmental risks in supply chains [J]. International Journal of Production Research, 2018 (56): 2539-2551.

[110] YAO D. Q., YUE X., LIU J. Vertical cost information sharing in a supply chain with value-adding retailers [J]. Omega, 2008 (36): 838-851.

[111] ZHAO J., WEI J., ZHAO J. The coordinating contracts for a fuzzy supply chain with effort and price dependent demand [J]. Applied Mathematical Modelling, 2014 (38): 2476-2489.

[112] SARATHI G. P., SARMAH S. P., JENAMANI M. An integrated revenue sharing and quantity discounts contract for coordinating a supply chain dealing with short life-cycle products [J]. Applied Mathematical Modelling, 2014 (38): 4120-4136.

[113] TSAY A. A., AGRAWAL N. Channel Dynamics under Price and

Service Competition [J]. M&SOM - Manufacturing & Service Operations Management, 2000 (2): 372-391.

[114] LI Q., ZHANG Y., HUANG Y. The complexity analysis in dual-channel supply chain based on fairness concern and different business objectives [J]. Complexity, 2018 (2018): 1-13.

[115] HUANG Y, LI Q. The Entropy Complexity of an Asymmetric Dual-Channel Supply Chain with Probabilistic Selling [J]. Entropy, 2018, 20 (7): 543.

[116] HUANG Y., LIU L., QI E. The dynamic decision in risk-averse complementary product manufacturers with corporate social responsibility [J]. Kybernetes, 2015 (45): 244-265.

[117] DAN B., QU Z., ZHANG H, et al. Mixed Channel Strategy for Manufacturers to Cope with Strong Retailers in Supply Chain [J]. Management Review, 2016 (12): 19.

[118] HUANG S., YANG C., YANG J. Pricing and production decisions in dual-channel supply chains with demand and production cost disruptions systems engineering [J]. Theory Practice, 2014 (34): 1219-1229.

[119] LI B., ZHU M., JIANG Y, et al. Pricing policies of a competitive dual-channel green supply chain [J]. Journal of Cleaner Production, 2016 (112): 2029-2042.

[120] KOUVELIS P., TURCIC D., ZHAO W. H. Supply chain contracting in environments with volatile input prices and frictions [J]. M&SOM-Manufacturing & Service Operations Managemen, 2018 (20): 130-146, doi: 10.1287/msom.2017.0660.

[121] LI B., HOU P. W., CHEN, et al. Pricing strategy and coordination in a dual channel supply chain with a risk-averse retailer [J]. International Journal of Production Economics, 2016 (178): 154-168.

[122] LI B., CHEN P., LI Q, et al. Dual-channel supply chain pricing decisions with a risk-averse retailer [J]. International Journal of Production Research, 2014 (52): 7132-7147.

[123] RADHI M., ZHANG G. Pricing policies for a dual-channel retailer with cross-channel returns [J]. Computers & Industrial Engineering, 2018 (119): 63-75.

[124] LI W., CHEN J., LIANG G, et al. Money-back guarantee and personalized pricing in a Stackelberg manufacturer's dual-channel supply chain. Int [J]. J. Prod. Econ, 2018 (197): 84-98.

[125] JI G., HAN S., HUATAN K. False failure returns: Optimal pricing and return policies in a dual-channel supply chain [J]. J. Syst. Sci. Syst. Eng, 2018 (27): 292-321.

[126] XIE J., ZHANG W., LIANG L, et al. The revenue and cost sharing contract of pricing and servicing policies in a dual-channel closed-loop supply chain [J]. Journal of Cleaner Production, 2018 (191): 361-383.

[127] YAN R., PEI Z. Retail services and firm profit in a dual-channel market [J]. Journal of Retailing and Consumer Services, 2009 (16): 306-314.

[128] MUKHOPADHYAY S. K., ZHU X., YUE X. Optimal Contract Design for Mixed Channels under Information Asymmetry [J]. Production And Operations Management, 2008 (17): 641-650.

[129] DING F., HUO J.-Z. A feasibility of service level coordination of dual channel supply chain effect of dual-channel supply chain [J]. Chinese Journal of Management Science, 2014, 51 (S1): 485-490.

[130] GIRI B. C., MAITI T. Service competition in a supply chain with two retailers under service level sensitive retail price and demand [J]. International Journal of Management Scienceenglish Management, 2014 (9): 133-146.

[131] MA J., GUO Z. Research on the complex dynamic characteristics

and RLS estimation's influence based on price and service game [J]. Mathematical Problems In Engineering, 2015 (2015), doi: 10.1155/2015/302506.

[132] ALI S. M., RAHMAN M. H., TUMPA T. J, et al. Examining price and service competition among retailers in a supply chain under potential demand disruption [J]. Journal of Retailing and Consumer Services, 2018 (40): 40-47.

[133] LI Q. H., LI B. Dual-channel supply chain equilibrium problems regarding retail services and fairness concerns [J]. Applied Mathematical Modelling, 2016 (40): 7349-7367.

[134] ZHOU Y. W., GUO J., ZHOU W. Pricing/service strategies for a dual-channel supply chain with free riding and service-cost sharing [J]. International Journal of Production Economics, 2018 (196): 198-210.

[135] ZHOU J., ZHAO R. Dual-channel signaling strategy with channel competition [J]. Systems Engineering - Theory &Practice, 2018, 38 (2): 414-428.

[136] CHEN X., WANG X., JIANG X. The impact of power structure on the retail service supply chain with an O2O mixed channel [J]. Journal of The Operational Research Society, 2016 (67): 294-301.

[137] KONG L., LIU Z., PAN Y, et al. Pricing and service decision of dual-channel operations in an O2O closed-loop supply chain [J]. Industrial Management & Data Systems, 2017 (117): 1567-1588.

[138] CAI G., ZHANG Z. G., ZHANG M. Game theoretical perspectives on dual-channel supply chain competition with price discounts and pricing schemes [J]. International Journal of Production Economics, 2009 (117): 80-96.

[139] TAO J. T., LI B. Research on pricing policies in an O2O channel supply chain under the free-riding effect of online platform [J]. Industrial Engineering Management, 2018 (1): 38-44.

[140] ZHAO J., HOU X., GUO Y, et al. Pricing policies for comple-

mentary products in a dual-channel supply chain [J]. Applied Mathematical Modelling, 2017 (49): 437-451.

[141] CHEN X., LIU Y., ZHONG W. Optimal decision making for online and offline retailers under BOPS mode [J]. Anziam Journal, 2016 (58): 187-208.

[142] GAO F., SU X. Omnichannel retail operations with buy online and pickup in store [J]. Management Science, 2016 (63): 2478-2492.

[143] GALLINO S., MORENO A. Integration of online and offline channels in retail: the impact of sharing reliable inventory availability information [J]. Management Science, 2014 (60): 1434-1451.

[144] JIN M., LI G., CHENG T. C. E. Buy online and pick up in-store: Design of the service area [J]. European Journal of Operational Research, 2018 (268): 613-623.

[145] LIU Y. M., ZHOU D. Is it always beneficial to implement BOPS? A comparative research with traditional dual channel [J]. Operations Research Management Science, 2018 (2): 23.

[146] MOON S., JI W., MOON H, et al. A simulation of order resonance phenomenon in a supply chain triggered by reinforcing loop [J]. International Journal of Simulation Modelling, 2018 (17): 231-244, doi: 10.2507/IJSIMM17 (2) 421.

[147] YAN B., JIN Z., WANG X, et al. Analyzing a mixed supply chain with a WeChat channel [J]. Electronic Commerce Research and Applications, 2018 (29): 90-101.

[148] MATSUI K. When and what wholesale and retail prices should be set in multi-channel supply chains? [J]. European Journal of Operational Research, 2018 (267): 540-554.

[149] ZUO Y., KAJIKAWA Y. Toward a theory of industrial supply net-

works: A multi-level perspective via network analysis [J]. Entropy, 2017 (19): 382, doi: 10.3390/e19080382.

[150] WANG Z., SOLEIMANI H., KANNAN D, et al. Advanced cross-entropy in closed-loop supply chain planning [J]. Journal of Cleaner Production, 2016 (135): 201-213.

[151] KRIHELI B., LEVNER E. Entropy-based algorithm for supply-chain complexity assessment [J]. Algorithms, 2018 (11): 35, doi: 10.3390/a11040035.

[152] LEVNER E., PTUSKIN A. Entropy-based model for the ripple effect: Managing environmental risks in supply chains [J]. International Journal of Production Research, 2018 (56): 2539-2551.

[153] LOU W., MA J., ZHAN X. Bullwhip entropy analysis and chaos control in the supply chain with sales game and consumer returns [J]. Entropy, 2017 (19): 64, doi: 10.3390/e19020064.

[154] HAN Z., MA J., SI F, et al. Entropy complexity and stability of a nonlinear dynamic game model with two delays [J]. Entropy, 2016 (18): 317, doi: 10.3390/e18090317.

[155] YAO D. Q., YUE X., LIU J. Vertical cost information sharing in a supply chain with value-adding retailers [J]. Omega, 2008 (36): 838-851.

[156] DAN B., XU G., LIU C. Pricing policies in a dual-channel supply chain with retail services [J]. International Journal of Production Economics, 2012 (139): 312-320.

[157] YANG J. Q., ZHANG X. M., ZHANG H. Y, et al. Cooperative inventory strategy in a dual-channel supply chain with transshipment consideration [J]. International Journal of Simulation Modelling, 2016 (15): 365-376.

[158] WU F., MA J. The equilibrium, complexity analysis and control in epiphytic supply chain with product horizontal diversification [J]. Nonlinear Dynamics, 2018 (93): 2145-2458.

主要术语索引